MARNA ROBERT

BAHAMAS Kochbuch

Alle Ratschläge in diesem Buch wurden vom Autor und vom Verlag sorgfältig erwogen und geprüft. Eine Garantie kann dennoch nicht übernommen werden. Eine Haftung des Autors beziehungsweise des Verlags für jegliche Personen-, Sach- und Vermögensschäden ist daher ausgeschlossen.

Email: info@edition-lunerion.de
www.edition-lunerion.de

Psiana eCom UG
Berumer Str. 44
26844 Jemgum

Vorwort

Exotische Leckerbissen sind genau Ihr Ding? Ananas, Kokos, Maracuja und besondere Gewürzmischungen lassen Ihr Herz höherschlagen? Und das Ganze dann noch in Kombination mit frischem Fisch, feinem Fleisch, knackigem Gemüse und jeder Menge karibischer Lebensfreude? Dann ist dieses Rezeptbuch Ihr perfekter Küchenbegleiter!

Wenn's um Traumurlaub geht, stehen die Bahamas ganz mit oben auf der Liste: Ob malerische Strände, glasklares Wasser oder Palmenromantik, eine Reise auf die karibische Inselgruppe ist für viele Sehnsuchtsziel. Doch auch die kulinarische Seite des Inselparadieses ist ein Volltreffer und dafür müssen Sie noch nicht mal ins Flugzeug steigen – denn mit diesem Kochbuch zaubern Sie sich Bahamasflair im Handumdrehen auf den Tisch! Von karibischem Mangosalat über Kokosputenbrust bis hin zu Fischcurry, Erdnusssuppe, gefüllten Süßkartoffeln oder Kokos-Limetten-Creme entdecken Sie hier jede Menge Leckereien, die Altbekanntes in völlig neuem Karibik-Gewand präsentieren und einzigartige Frische und Leichtigkeit auf den Teller bringen. Dabei finden Fischfans hier ihr persönliches Eldorado, Fleischliebhaber entdecken herzhaft-exotische Leckerbissen und auch Veggies, Naschkatzen und Freunde der leichten Küche kommen auf Ihre Schlemmer-Kosten.

Guten Appetit!

INHALT

Wissenswertes

Die Bahamas, offiziell als Commonwealth der Bahamas bezeichnet, sind eine Inselgruppe in der Karibik. Die Hauptstadt ist Nassau und die Amtssprache ist Englisch. Seit 1973 sind die Bahamas unabhängig von Großbritannien, jedoch ist das Land im Commonwealth of Nations verblieben. Deshalb ist King Charles III. immer noch das Staatsoberhaupt. Er wird durch die Generalgouverneurin Cynthia A. Pratt vertreten. Die Einwohnerzahl ist mit gut 400.000 Personen recht überschaubar. Den größten Anteil der Einheimischen bilden Menschen mit afrikanischen Wurzeln. Der Rest setzt sich aus europäischen und asiatischen Einwanderungsvorfahren zusammen.

Der Name „Bahamas" geht auf die spanischen Eroberer zurück. Diese bezeichneten die Gewässer rund um die Inseln als „Baja Mar", was so viel wie „flaches Wasser" bedeutet. Daraus ergab sich die spätere Bezeichnung „Bahamas". Die Bahamas bestehen aus etwa 700 Inseln, von denen aber nur ca. 30 bewohnt sind.

Erste Besiedlungen fanden wahrscheinlich schon im 4. Jahrhundert statt. Eine dauerhafte Sesshaftigkeit der Einwohner ist aber erst seit dem 9. Jahrhundert nachweisbar. Nach der Entdeckung der Bahamas durch Christoph Kolumbus wurden die etwa 40.000 Einwohner der Inseln als Sklaven auf eine andere Karibikinsel verschleppt, wodurch sie hier infolge von Krankheiten und Hunger zu Tode kamen. Seit dem 17. Jahrhundert fanden englische Siedler den Weg hierher und im Jahr 1717 wurden die Bahamas zur britischen Kronkolonie erklärt.

Erst seit etwa 70 Jahren sind die Bahamas ein beliebtes Touristenziel geworden. Gerne wird der Inselstaat auch von „Steuerflüchtigen" verwendet, denn hier sind außer Zöllen und einer geringen Mehrwertsteuer von 7,5 Prozent keine weiteren Steuern zu entrichten.

Klimatisch bedingt herrscht hier eine mittlere Jahrestemperatur von etwa 26 °C, selten sinken die Temperaturen unter 20 °C.

Auf den Bahamas gibt es „Meer-Schweinchen" und damit sind nicht die niedlichen kleinen Kuscheltiere gemeint. Nein – hier handelt es sich um echte Schweine, die mit Ihnen am Strand liegen oder mit Ihnen schwimmen gehen. Zu Hause sind sie auf der unbewohnten Insel „Big Major Cay", einer der Bahamas zugehörigen Insel. Warum? Hier scheiden sich die Geister, denn die ursprüngliche Herkunft dieser Schweine ist nicht sicher geklärt. Es wird vermutet, dass sie nach einem Schiffsunglück hier strandeten oder aber von Seefahrern dort ausgesetzt wurden. Jedenfalls fühlen sich die Schweine hier sehr wohl und sind mittlerweile eine große Touristenattraktion. Sie haben sich an die Menschen gewöhnt und sind deshalb zahm.

Viele weitere Möglichkeiten von Unternehmungen stehen dem Touristen zur Verfügung. Die Bahamas sind auf die Einnahmen durch die Urlauber angewiesen, denn nennenswerte Rohstoffe gibt es hier nicht. Die Landwirtschaft kann nicht einmal die eigenen Einwohner vollständig versorgen, weil es an Bewässerungsmöglichkeiten und an den geeigneten Bodenverhältnissen fehlt.

Salate

KARIBISCHER SALAT MIT MANGO

2 Port.

45 Min.

Leicht

Zutaten

1 Paprika, rot
1 Lollo Verde Salat
2 Zwiebeln
50 g Stangensellerie
1 Mango

Marinade:
1 Limette, Saft davon
1 TL Sojasoße
½ TL Ingwer, frisch gerieben
2 EL Öl
1 Prise Salz
1 Prise Zucker
1 Prise Chilipulver

Nährwerte p. P.

231 kcal
28 g Kohlenhydrate
11 g Fett
1 g Eiweiß

1 Zerpflücken Sie den Salat in mundgerechte Stücke und spülen Sie ihn in einem Sieb gründlich ab. Anschließend lassen Sie ihn gut abtropfen. Säubern Sie die Paprika und schneiden Sie sie in dünne Streifen. Spülen Sie den Sellerie ab und schneiden Sie ihn in dünne Scheiben. Pellen Sie die Zwiebeln und schneiden Sie sie in dünne Ringe. Schälen Sie die Mango und schneiden Sie das Fruchtfleisch in dünne Scheiben.

2 Vermischen Sie den Salat, die Paprika, den Sellerie und die Zwiebeln in einer Schüssel.

3 Geben Sie den Limettensaft in eine Rührschüssel und verrühren Sie etwas Salz und etwas Zucker darin. Mischen Sie den geriebenen Ingwer, die Sojasoße und das Öl dazu und schmecken Sie die Marinade mit Salz und Chilipulver ab.

4 Gießen Sie die Marinade über den Salat und vermischen Sie die Zutaten vorsichtig.

5 Zum Servieren garnieren Sie den Salat mit den Mangoscheiben.

KARIBISCHER KRAUTSALAT

6 Port.

210 Min.

Leicht

Zutaten

½ Weißkohl
½ Ananas
3 Möhren
75 g Rosinen
1 TL Kreuzkümmel, gemahlen
2 EL Zitronensaft
1 EL Pfeffer
1 ½ EL Meersalz, grob
75 ml Balsamico-Essig, weiß
25 ml Kokosöl
25 ml Rum

Nährwerte p. P.

151 kcal
21 g Kohlenhydrate
4 g Fett
2 g Eiweiß

1 Säubern Sie den Kohl und schneiden Sie ihn in dünne Streifen. Schälen Sie die Möhren und raspeln Sie sie in Streifen. Geben Sie beides in eine Schüssel und vermischen Sie die Zutaten.

2 Vermengen Sie die Rosinen im Rum und stellen Sie sie zum Ziehen beiseite.

3 Vermischen Sie in einer Schüssel das Kokosöl, den Essig, den Zitronensaft, den Kümmel, den Pfeffer und das Salz zu einer Marinade. Gießen Sie die Marinade über das Kohl-Möhren-Gemisch. Kneten Sie mit den Händen alle Zutaten sorgfältig durch.

4 Schälen Sie die Ananas und schneiden Sie das Fruchtfleisch in kleine Würfel. Mischen Sie die Ananaswürfel unter den Salat und heben Sie vorsichtig die Rum-Rosinen darunter.

5 Stellen Sie den Salat für mindestens 3 Stunden zum Ziehen in den Kühlschrank.

CONCH-SALAD (MUSCHELSALAT)

4 Port.

60 Min.

Leicht

Zutaten

Conch-Muscheln, nach Belieben, alternativ entbartete Muscheln in beliebiger Menge
1 Tomate
2 Zwiebeln
6 Chilischoten, rot
2 EL Zitronensaft
1 TL Zucker, braun
1 Prise Cayennepfeffer
1 Prise Salz
3 EL Öl

Nährwerte p. P.

59 kcal
3 g Kohlenhydrate
2 g Fett
8 g Eiweiß

1 Wenn Sie Muscheln verwenden, kochen Sie diese und entfernen anschließend die Schale. Geben Sie sie in eine Schüssel.

2 Bei Verwendung der Originalzutat, der Großen Fechterschnecke, entnehmen Sie das Fleisch und schneiden es in mundgerechte Stücke. Sie können es roh verzehren, aber auch vorher braten, kochen oder frittieren.

3 Pellen Sie die Zwiebeln und schneiden Sie sie in kleine Würfel. Spülen Sie die Tomaten ab und schneiden Sie sie in mundgerechte Stücke. Säubern Sie die Chilischoten und schneiden Sie sie in kleine Stücke.

4 Erhitzen Sie das Öl in einer ausreichend großen Pfanne und dünsten Sie darin die Zwiebeln an. Geben Sie die Tomatenstücke dazu und dünsten Sie alles für etwa 8 Minuten. Nun mischen Sie die Chilistücke und den Zitronensaft darunter und würzen alles mit dem Zucker, Salz und Cayennepfeffer. Köcheln Sie die Soße bei niedriger Temperatur für etwa 30 Minuten.

5 Nach dem Abkühlen der Soße gießen Sie sie über die Muscheln/Schnecken und stellen den Salat für 1 Stunde in den Kühlschrank.

Tipp: Auch mit gefrorener Ananas statt Beeren schmeckt dieser Smoothie zum Löffeln richtig toll.

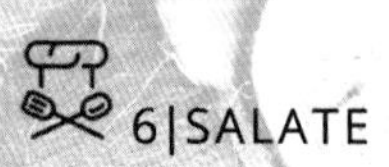

KALE CAESAR SALAD (SALAT AUS GRÜNKOHL)

4 Port.

20 Min.

Leicht

Zutaten

250 g Grünkohl
1 Paprika, rot
1 Avocado
1 Pfirsich
1 Handvoll Pistazien
8 EL Olivenöl
1 EL Dijon-Senf
1 EL Honig
4 EL Apfelessig
1 Prise Pfeffer
1 Prise Salz

Nährwerte p. P.

485 kcal
12 g Kohlenhydrate
44 g Fett
5 g Eiweiß

1 Entfernen Sie die Blätter des Grünkohls und weichen Sie sie für ein paar Minuten in kaltem Wasser ein. Schleudern Sie die Blätter anschließend trocken und schneiden Sie sie in beliebige Größe. Geben Sie den Grünkohl in eine Salatschüssel.

2 Säubern Sie die Paprika und schneiden Sie sie in kleine Würfel. Schälen Sie den Pfirsich und die Avocado und schneiden Sie beides in mundgerechte Würfel. Hacken Sie die Pistazien in kleine Stücke. Geben Sie das Obst und das Gemüse zum Grünkohl und vermischen Sie alles miteinander.

3 Füllen Sie das Olivenöl, den Essig, den Senf, den Honig sowie etwas Salz und Pfeffer in eine Schüssel und vermengen Sie alles gründlich miteinander.

4 Gießen Sie das Dressing über den Salat und bestreuen Sie ihn mit den gehackten Pistazien.

KARIBISCHER NUDELSALAT

6 Port.

45 Min.

Leicht

Zutaten

500 g Gabelspaghetti
2 Dosen Ananas, stückig
2 Dosen Mais
10 Paprikaschoten, eingelegt
10 Gewürzgurken
1 Glas Mayonnaise
½ Ring Fleischwurst
Ketchup, nach Belieben
1 Prise Salz
1 Prise Pfeffer

Nährwerte p. P.

905 kcal
95 g Kohlenhydrate
46 g Fett
19 g Eiweiß

1 Kochen Sie die Spaghetti nach Packungsempfehlung gar. Geben Sie den Mais und die Ananas zum Abtropfen in ein Sieb. Fangen Sie den Ananassaft auf und stellen Sie ihn beiseite. Schneiden Sie die Fleischwurst, die Gewürzgurken und die Paprikaschoten in mundgerechte Stücke.

2 Vermischen Sie die Gabelspaghetti mit dem klein geschnittenen Gemüse und der Mayonnaise. Würzen Sie nach Belieben mit Ketchup, Salz, Pfeffer sowie dem Ananassaft.

3 Vermischen Sie alle Zutaten gründlich miteinander und stellen Sie den Salat bis zum Verzehr zum Ziehen in den Kühlschrank.

Suppen

KARIBISCHE KÜRBISSUPPE

6 Port.

60 Min.

Mittel

Zutaten

1 kg Kürbis, Butternut
4 Zwiebeln
500 g Tomaten
4 Knoblauchzehen
1 Stück Ingwer, walnussgroß
100 g Kokosraspeln
1 Limette
400 ml Kokosmilch
500 ml Hühnerbrühe
1 EL Olivenöl
½ TL Cayennepfeffer
1 TL Paprikapulver, rosenscharf
1 Prise Muskatnuss
Salz nach Belieben

Nährwerte p. P.

404 kcal
21 g Kohlenhydrate
30 g Fett
7 g Eiweiß

1 Schälen Sie den Kürbis und entfernen Sie die Kerne. Schneiden Sie das Fruchtfleisch in Würfel. Pellen Sie die Zwiebeln und den Knoblauch und schneiden Sie beides in dünne Scheiben. Säubern Sie die Tomaten und schneiden Sie sie in grobe Würfel. Schälen Sie den Ingwer und schneiden Sie ihn in kleine Stücke. Spülen Sie die Limette ab und reiben Sie die Schale in eine Schüssel. Anschließend pressen Sie den Saft heraus.

2 Erhitzen Sie das Olivenöl in einem großen Topf und dünsten Sie darin die Zwiebeln, den Knoblauch und den Ingwer an. Würzen Sie die Zutaten mit Salz und geben Sie die Kürbiswürfel dazu. Würzen Sie nochmals mit Salz und dünsten Sie alles für kurze Zeit an. Nun rösten Sie für wenige Minuten die Tomatenwürfel mit.

3 Löschen Sie das Gemüse mit der Brühe ab und rühren Sie die Kokosmilch hinein. Würzen Sie die Zutaten mit Paprika, Muskat und Cayennepfeffer. Köcheln Sie die Suppe bei mittlerer Temperatur für etwa 20 Minuten, bis der Kürbis gar ist.

4 In der Zwischenzeit rösten Sie die Kokosraspeln in einer Pfanne an.

5 Nach der Garzeit pürieren Sie die Suppe mit einem Pürierstab zu einer sämigen Masse. Würzen Sie gegebenenfalls noch einmal nach und schmecken Sie die Suppe mit dem Limettensaft und der abgeriebenen Schale ab.

6 Wenn Sie die Suppe noch feiner gestalten möchten, streichen Sie sie vor dem Servieren durch ein Sieb. Zum Servieren streuen Sie die Kokosraspel darüber.

CHICKEN SOUSE (SCHARFE HÜHNERSUPPE)

 2 Port.  150 Min.  Einfach

Zutaten

500 g Chicken Wings
1 Stange Sellerie
2 Kartoffeln
1 Knoblauchzehe
1 Zwiebel
1 Habanero Chili
1 Möhre
1 Limette, Saft davon
2 Lorbeerblätter
½ TL Thymian
½ EL Piment
½ EL Gewürzsalz (Rezept in diesem Kochbuch)
1 Prise Salz
1 Prise Pfeffer
etwas Hühnerbrühe
2 EL Öl

Nährwerte p. P.

705 kcal
21 g Kohlenhydrate
46 g Fett
49 g Eiweiß

1 Pressen Sie den Saft der Limette aus. Pellen Sie den Knoblauch in eine große Schüssel. Geben Sie die Hälfte des Limettensaftes und das Gewürzsalz dazu und vermischen Sie alles miteinander. Nun geben Sie die Chicken Wings in die Schüssel und mischen alles so lange durch, bis jedes Stück Fleisch von der Marinade benetzt wurde. Stellen Sie die Schüssel für 1 Stunde zum Marinieren beiseite.

2 In der Zwischenzeit pellen Sie die Zwiebel und schneiden sie in kleine Würfel. Schälen Sie die Kartoffeln und schneiden Sie sie in Würfel. Schälen Sie die Möhren und die Sellerie und schneiden Sie beides in Scheiben.

3 Nach der Marinierzeit erhitzen Sie 1 EL Öl in einem Topf und braten darin die Geflügelteile von allen Seiten an. Die Marinade stellen Sie vorerst zur Seite. Nehmen Sie die Chicken Wings aus der Pfanne und stellen Sie sie beiseite.

4 Erhitzen Sie den zweiten Esslöffel Öl im Topf und braten Sie darin die Zwiebelwürfel an. Geben Sie die Möhren- und die Selleriescheiben dazu und dünsten Sie alles für etwa 5 Minuten an. Dann verrühren Sie die Marinade darin und geben die Chicken Wings, die Kartoffelwürfel, die Lorbeerblätter und den Thymian dazu.

5 Füllen Sie die Hühnerbrühe auf, bis alle Zutaten bedeckt sind. Füllen Sie den Rest des Limettensaftes und das Piment hinein.

6 Schmecken Sie die Suppe noch mal mit dem Gewürzsalz ab. Legen Sie einen Deckel auf und köcheln Sie die Speise bei niedriger Temperatur für etwa 1 Stunde.

7 Nach der halben Kochzeit geben Sie die Chilischote in den Topf. Wenn Sie es scharf mögen, entfernen Sie vorher die Kerne und schneiden die Chilischote in Streifen, ansonsten geben Sie sie als ganzes Stück hinein. Würzen Sie mit Salz und Pfeffer

8 Zum Servieren können Sie das Hähnchenfleisch von den Knochen lösen und wieder in die Suppe geben. Sie können die Chicken Wings aber auch im Ganzen belassen.

KARIBISCHE SÜẞKARTOFFELSUPPE

4 Port.

60 Min.

Einfach

Zutaten

1 Süßkartoffel, große
1 Tomate
2 Möhren
1 Zwiebel, rot
1 Paprika, rot
3 cm Stück Ingwer
1 Frühlingszwiebel zum Garnieren
2 EL Olivenöl
1 TL Kreuzkümmel
1 TL Paprikapulver, geräuchert
400 ml Wasser
400 ml Kokosmilch
½ Zitrone, den Saft davon
Thymian, nach Belieben, getrocknet
1 Prise Pfeffer
1 Prise Salz

Nährwerte p. P.

427 kcal
25 g Kohlenhydrate
33 g Fett
5 g Eiweiß

1 Schälen Sie die Süßkartoffel und die Möhren und schneiden Sie beides in kleine Stücke. Pellen Sie die Zwiebel und schneiden Sie sie in Würfel. Säubern Sie die Paprika und schneiden Sie sie in grobe Stücke. Spülen Sie die Tomate ab und vierteln Sie sie. Vermischen Sie in einer Schüssel das Gemüse mit dem Olivenöl und verteilen Sie es auf einem mit Backpapier ausgelegten Blech. Heizen Sie den Backofen auf 180 °C mit Umluftfunktion vor und garen Sie das Gemüse für etwa 30 Minuten.

2 In der Zwischenzeit füllen Sie das Wasser und die Kokosmilch in einen Topf und erhitzen es bei mittlerer Temperatur. Schälen Sie den Ingwer und hacken Sie ihn in kleine Stücke. Vermischen Sie den Ingwer in der Flüssigkeit.

3 Holen Sie das Gemüse aus dem Backofen und geben es in den Topf. Kochen Sie die Zutaten kurz auf und reduzieren Sie die Temperatur auf die mittlere Stufe. Köcheln Sie alles für etwa 5 Minuten.

4 Nun pürieren Sie alle Zutaten im Topf zu einer sämigen Suppe. Würzen Sie sie mit Kreuzkümmel, Paprikapulver, Salz, Pfeffer und Thymian. Schmecken Sie die Suppe mit dem Zitronensaft ab und köcheln Sie sie für weitere 5 bis 10 Minuten.

5 Säubern Sie die Frühlingszwiebel und schneiden Sie sie in feine Ringe. Zum Servieren garnieren Sie die Suppe mit den Zwiebelringen.

KARTOFFEL-MAIS-SUPPE

4 Port.

45 Min.

Einfach

Zutaten

1.300 g Kartoffeln, mehligkochend
1 Zwiebel
1 cm Ingwer, frisch
1 Knoblauchzehe
1 Dose Mais
½ Limette, den Saft davon
1 TL Karibisches Curry (Rezept in diesem Kochbuch)
2 TL Zucker, braun
1 TL Kokosfett
1 TL Kurkuma
500 ml Gemüsebrühe
400 ml Kokosmilch

Nährwerte p. P.

637 kcal
75 g Kohlenhydrate
29 g Fett
12 g Eiweiß

1 Pellen Sie die Zwiebel und den Knoblauch und hacken Sie beides in feine Stücke. Schälen Sie den Ingwer und schneiden Sie ihn in kleine Stücke. Geben Sie den Mais zum Abtropfen in ein Sieb. Schälen Sie die Kartoffeln und schneiden Sie sie in kleine Würfel.

2 Erhitzen Sie das Kokosfett in einem ausreichend großen Topf und dünsten Sie darin die Zwiebeln, den Knoblauch und den Ingwer an. Anschließend geben Sie die Kartoffeln und den Mais dazu. Braten Sie alle Zutaten für kurze Zeit an.

3 Nun mischen Sie den Zucker dazu und karamellisieren alles für 1 Minute. Rühren Sie währenddessen immer wieder um. Verrühren Sie das Karibische Curry und das Kurkumapulver mit den Zutaten. Löschen Sie alles mit dem Limettensaft ab.

4 Gießen Sie die Gemüsebrühe und die Kokosmilch in den Topf, vermischen alles miteinander und kochen die Suppe einmal auf. Legen Sie einen Deckel auf und köcheln Sie die Speise bei mittlerer Temperatur für etwa 20 Minuten. Rühren Sie zwischendurch um.

5 Sollte Ihnen die Suppe nach der Fertigstellung zu dick erscheinen, füllen Sie etwas Brühe auf. Sollten wider Erwarten die Kartoffeln nicht zerkocht sein, pürieren Sie die Suppe vor dem Servieren.

KARIBISCHE BANANENSUPPE

4 Port. 45 Min. Einfach

Zutaten

500 g Kochbananen
1 Zwiebel
1 Tomate
1 Knoblauchzehe
1 TL Thymian, getrocknet
1 EL Öl
900 ml Hühnerbrühe
300 g Putenbrust
1 Lorbeerblatt
1 TL Zitronensaft
1 Chilischote
Salz, nach Belieben
Pfeffer, nach Belieben

Bananenchips:
2 Kochbananen
¼ TL Salz
Salzwasser, kochend
Öl zum Frittieren

Nährwerte p. P.

437 kcal
78 g Kohlenhydrate
4 g Fett
22 g Eiweiß

1 Pellen Sie die Zwiebel und schneiden Sie sie in kleine Stücke. Pellen Sie den Knoblauch und pressen Sie ihn in ein kleines Schälchen. Spülen Sie die Tomate ab und schneiden Sie sie in kleine Würfel. Entfernen Sie die Schale von den Kochbananen und schneiden Sie die 500 g Bananen in etwa 5 Millimeter breite Scheiben. Die zwei anderen Kochbananen schneiden Sie in etwa 1 Zentimeter breite Scheiben. Schneiden Sie die Putenbrust in Streifen. Säubern Sie die Chilischote und schneiden Sie sie in dünne Ringe.

2 Erhitzen Sie 1 EL Öl in einer Pfanne und braten Sie darin die Zwiebel, den Knoblauch und den Thymian an. Geben Sie die Tomaten und die dünneren Bananenscheiben dazu und dämpfen Sie sie kurz mit.

3 Anschließend gießen Sie die Brühe auf und legen das Lorbeerblatt hinein. Köcheln Sie die Zutaten bei niedriger Temperatur mit aufgelegtem Deckel für etwa 25 Minuten.

4 Nach der Kochzeit nehmen Sie das Lorbeerblatt heraus. Pürieren Sie mit einem Pürierstab die Suppe zu einer feinen Masse. Nun geben Sie die Putenstreifen und die Chiliringe dazu. Köcheln Sie die Suppe mit Deckel für weitere 5 Minuten. Anschließend rühren Sie den Zitronensaft dazu und würzen die Suppe mit Salz und Pfeffer.

5 Kochen Sie das Salzwasser auf und blanchieren Sie die dickeren Bananenscheiben für etwa 3 Minuten. Schrecken Sie sie mit kaltem Wasser ab und legen Sie sie zum Abtropfen auf ein Stück Küchenpapier.

6 Erhitzen Sie das Öl zum Frittieren in einem geeigneten Topf auf etwa 160 °C. Sie können natürlich auch eine herkömmliche Fritteuse verwenden. Frittieren Sie die Bananenscheiben für etwa 1 Minute und legen Sie sie anschließend zum Entfetten auf ein Stück Küchenpapier.

7 Verteilen Sie die Bananenscheiben auf einer Lage Backpapier, legen Sie ein zweites Blatt obenauf und rollen mit einem Nudelholz darüber, bis die Bananenscheiben flach gedrückt sind. Nun frittieren Sie sie abermals für etwa 1 Minute, bis sie knusprig werden. Füllen Sie die Bananenchips in eine Schüssel und würzen Sie sie mit Salz.

8 Zum Servieren füllen Sie die Suppe in eine Suppenterrine und reichen die Bananenchips separat dazu.

MÖHREN-MANGO-SUPPE

4 Port. 45 Min. Einfach

Zutaten

2 Mangos
600 g Möhren
1 Stück Ingwer, nach Belieben
2 Zwiebeln, rot
750 ml Fleisch- oder Gemüsebrühe
200 ml Kokosmilch
1 EL Zitronensaft
2 EL Öl
1 TL Currypulver
1 Prise Cayennepfeffer
1 Prise Pfeffer
1 Prise Salz

Nährwerte p. P.

321 kcal
30 g Kohlenhydrate
18 g Fett
5 g Eiweiß

1 Schälen Sie die Möhren und schneiden Sie sie in mundgerechte Stücke. Schälen Sie die Mangos, entfernen Sie die Kerne und schneiden Sie sie in Würfel. Pellen Sie die Zwiebeln und schneiden Sie sie in kleine Würfel. Schälen Sie den Ingwer und schneiden Sie ihn ebenso in kleine Würfel.

2 Gießen Sie die Brühe in einen Topf und kochen Sie die Flüssigkeit einmal auf. In der Zwischenzeit erhitzen Sie in einem weiteren ausreichend großen Topf das Öl und dünsten darin die Zwiebeln, die Möhren, die Ingwerwürfel und das Currypulver an.

3 Nun füllen Sie die kochende Brühe zum angedünsteten Gemüse und geben die Mangostücke dazu. Verrühren Sie alle Zutaten miteinander und legen Sie einen Deckel auf den Topf. Köcheln Sie die Suppe bei niedriger Temperatur für etwa 15 Minuten.

4 Nach der Kochzeit pürieren Sie mit einem Pürierstab alles zu einer feinen Masse. Anschließend gießen Sie die Kokosmilch dazu und köcheln die Suppe für wenige Minuten weiter. Vor dem Servieren schmecken Sie die Suppe mit Salz, Pfeffer und dem Zitronensaft ab.

Brote

JOHNNY CAKE (BROT ZUM FRÜHSTÜCK ODER ALS BEILAGE)

6 Port.

60 Min.

Leicht

Zutaten

180 ml Milch
120 ml Wasser
170 g Zucker
480 g Mehl
110 g Butter
2 TL Backpulver
1 TL Salz

Nährwerte p. P.

545 kcal
87 g Kohlenhydrate
17 g Fett
9 g Eiweiß

1 Heizen Sie den Backofen auf 160 °C mit Ober- und Unterhitze vor und fetten Sie eine Kasten- oder Auflaufform ein. Schmelzen Sie die Butter in einem Topf oder in der Mikrowelle.

2 Geben Sie das Mehl, den Zucker, das Salz und das Backpulver in eine Rührschüssel und vermengen Sie alles miteinander.

3 Nun füllen Sie die flüssige Butter, die Milch und das Wasser in die Schüssel und verkneten die Zutaten zu einem glatten Teig.

4 Füllen Sie den Teig in die Backform und schieben Sie sie auf die mittlere Schiene des Backofens. Backen Sie das Brot für etwa 45 Minuten.

KARIBISCHES BANANENBROT

4 Port.

30 Min.

Leicht

Zutaten

500 g Bananen
500 g Mehl
1 Ei
140 g Butter
125 g Zucker
1 Pck. Backpulver
1 Prise Muskatnuss
1 Prise Salz

Nährwerte p. P.

293 kcal
46 g Kohlenhydrate
10 g Fett
5 g Eiweiß

1 Schälen Sie die Bananen und pürieren Sie sie in einer Rührschüssel zu einem feinen Brei. Fetten Sie eine Kastenform ein und heizen Sie den Backofen auf 180 °C mit Umluftfunktion vor.

2 Geben Sie die Butter und den Zucker in eine weitere Schüssel und mixen Sie beides zu einer schaumigen Masse. Rühren Sie das Bananenpüree dazu und fügen Sie das Ei dazu.

3 Anschließend vermengen Sie das Mehl, das Backpulver, das Salz und die Muskatnuss im Teig. Füllen Sie ihn in die Kastenform und backen Sie das Brot auf der mittleren Schiene für etwa 50 bis 60 Minuten.

KARIBISCHE BURGER BUNS

8 Port.

80 Min.

Leicht

Zutaten

200 g Mehl
300 g Dinkelmehl
50 ml Kokosöl
1 EL Chiasamen
2 EL Wasser
2 EL Kokosblütenzucker
14 g Trockenhefe
210 ml Wasser, lauwarm
1 Prise Salz

Nährwerte p. P.

302 kcal
47 g Kohlenhydrate
8 g Fett
8 g Eiweiß

1 Geben Sie die Chiasamen in ein Schälchen und füllen Sie 2 EL Wasser hinzu. Stellen Sie die Samen für etwa 15 Minuten zum Quellen beiseite.

2 Füllen Sie beide Mehlsorten, den Kokosblütenzucker, das Salz und die Trockenhefe in eine Rührschüssel und vermengen Sie alle Zutaten miteinander. Anschließend rühren Sie das Kokosöl und die Chiasamen darunter.

3 Gießen Sie das lauwarme Wasser dazu und verkneten Sie alles zu einem geschmeidigen Teig. Feuchten Sie den Teig etwas an und stellen Sie ihn zum Gehen zugedeckt für etwa 30 Minuten an einen warmen Ort.

4 In der Zwischenzeit bemehlen Sie eine Arbeitsfläche. Teilen Sie den Teig in 8 gleich große Stücke und rollen Sie sie mit feuchten Händen zu runden Teiglingen. Decken Sie die Teigstücke ab und lassen Sie sie für etwa 15 Minuten ruhen.

5 Heizen Sie den Backofen auf 200 °C mit Ober- und Unterhitze vor. Belegen Sie ein Blech mit Backpapier und verteilen Sie die Teigrohlinge darauf. Drücken Sie sie etwas flach und bestreichen Sie sie mit Wasser. Backen Sie die Burger Buns für etwa 18 Minuten.

6 Nach dem Abkühlen können Sie die Brötchen zum Frühstück genießen oder Sie stellen daraus Burger her.

KARIBISCHES MAISBROT

 4 Port.

 50 Min.

 Leicht

Zutaten

20 g Mehl
200 g Maismehl
200 ml Buttermilch
125 g Mais aus der Dose
15 g Butter, geschmolzen
1 EL Zucker
1 TL Natron
1 TL Salz
1 TL Backpulver
4 Frühlingszwiebeln
1 Ei
1 EL Öl
3 Paprikaschoten, eingelegt

Nährwerte p. P.

332 kcal
52 g Kohlenhydrate
8 g Fett
9 g Eiweiß

1 Heizen Sie den Backofen auf 210 °C mit Umluftfunktion vor und fetten Sie eine Kastenform ein. Stellen Sie die Kastenform für etwa 10 Minuten in den Backofen.

2 Säubern Sie die Frühlingszwiebeln und schneiden Sie sie in kleine Würfel. Geben Sie die Paprikaschoten zum Abtropfen in ein Sieb und schneiden Sie sie anschließend in kleine Würfel. Stellen Sie die Butter in die Mikrowelle und bringen Sie sie zum Schmelzen.

3 Erhitzen Sie das Öl in einer Pfanne und braten Sie darin die Frühlingszwiebeln, den Mais und die Paprikaschoten an. Füllen Sie die Buttermilch in eine Schüssel und verrühren Sie das Ei darin.

4 Geben Sie alle trockenen Zutaten in eine weitere Rührschüssel und vermengen Sie alles gut miteinander. Bilden Sie in der Mitte ein Loch und füllen die Buttermilchmischung hinein. Verkneten Sie alles zu einem geschmeidigen Teig. Anschließend rühren Sie die Butter und die Gemüsemischung aus der Pfanne dazu.

5 Füllen Sie den Teig in die heiße Kastenform und backen Sie das Brot für etwa 20 Minuten im Backofen.

Hauptgerichte mit Fleisch & Geflügel

KARIBISCHE REISPFANNE

2 Port.

60 Min.

Leicht

Zutaten

250 g Putenfleisch
1 Dose Ananas, stückig
1 Paprika, rot
1 Zwiebel
1 Stange Lauch
1 Knoblauchzehe
1 Stück Ingwer, nach Belieben
1 TL Sambal Oelek
1 Chilischote, rot
200 g Reis, gekocht
1 Prise Currypulver
1 Prise Pfeffer
1 Prise Salz
1 EL Öl
etwas Naturjoghurt

Nährwerte p. P.

719 kcal
118 g Kohlenhydrate
4 g Fett
48 g Eiweiß

1 Pellen Sie die Zwiebel und schneiden Sie sie in feine Würfel. Säubern Sie die Paprika und schneiden Sie sie in Streifen. Waschen Sie den Porree und schneiden Sie ihn in dünne Ringe. Geben Sie die Ananas zum Abtropfen in ein Sieb. Säubern Sie die Chilischote und hacken Sie sie in feine Stücke. Pellen Sie den Knoblauch und hacken Sie ihn ebenfalls in kleine Stücke. Schälen Sie den Ingwer und zerkleinern Sie ihn in kleine Stücke.

2 Schneiden Sie das Putenfleisch in Streifen. Erhitzen Sie das Öl in einer Pfanne und braten Sie das Fleisch rundherum an. Nehmen Sie es anschließend aus der Pfanne und stellen Sie es beiseite.

3 Nun braten Sie im Bratfett die Zwiebeln, den Knoblauch, den Ingwer und die Chilistücke an. Würzen Sie alles nach Belieben mit Currypulver. Geben Sie nun die Paprikastreifen, die Lauchringe und den gekochten Reis dazu und verrühren Sie alles miteinander.

4 Anschließend mischen Sie das Putenfleisch und die Ananasstücke in die Zutaten und würzen alles mit Salz, Pfeffer und dem Sambal Oelek. Zum Servieren geben Sie einen Klecks Naturjoghurt auf die Reispfanne.

KARIBISCHES HÄHNCHENBRUSTFILET

4 Port.

80 Min.

Leicht

Zutaten

4 Hähnchenbrustfilets
400 ml Balsamico
8 Knoblauchzehen
4 eingelegte Jalapeño-Chilischoten
2 EL Piment, gemahlen
2 EL Ingwer, gerieben
2 EL Olivenöl
2 EL Zucker
2 EL Pfeffer

Nährwerte p. P.

694 kcal
83 g Kohlenhydrate
15 g Fett
55 g Eiweiß

1 Pellen Sie den Knoblauch und hacken Sie ihn in feine Stücke.

2 Füllen Sie das Olivenöl und den Balsamico in eine Schüssel und vermengen Sie beides miteinander. Schneiden Sie die Chilischoten in kleine Stücke und mischen Sie sie in das Ölgemisch. Geben Sie die Knoblauchstücke, den Ingwer, das Piment, den Zucker und den Pfeffer dazu und verrühren Sie alles zu einer Marinade.

3 Legen Sie das Fleisch in die Marinade und stellen Sie die Schüssel zum Marinieren für 1 Stunde in den Kühlschrank.

4 Nun können Sie das karibische Hähnchenbrustfilet entweder auf dem Grill oder in der Pfanne garen.

KARIBISCHE KOKOSPUTENBRUST

 4 Port.

 65 Min.

 Leicht

Zutaten

500 g Putenbrustfilet oder Putenschnitzel
2 Zwiebeln
2 Paprika, gelb
3 Möhren
½ Orange
1 Zitrone
200 g Couscous, trocken
300 g Papaya
300 g Zuckererbsenschoten
1 EL Kokosraspeln
150 ml Geflügelbrühe
150 ml Kokosmilch
4 TL Olivenöl
½ TL Koriander, gemahlen
1 Prise Pfeffer
1 Prise Salz

Nährwerte p. P.

579 kcal
61 g Kohlenhydrate
15 g Fett
42 g Eiweiß

1 Reiben Sie die Schale der Zitrone ab und pressen Sie den Saft aus. Geben Sie 2 TL Olivenöl in eine Schüssel und vermengen Sie den Zitronensaft, die Zitronenschale, den Koriander, das Salz und den Pfeffer damit. Bestreichen Sie das Fleisch mit der Marinade und stellen Sie es für 15 Minuten in den Kühlschrank.

2 Währenddessen pellen Sie die Zwiebeln und schneiden sie in Streifen. Schälen Sie die Möhren und schneiden Sie sie in Scheiben. Spülen Sie die Zuckererbsenschoten ab und lassen Sie sie in einem Sieb abtropfen. Säubern Sie die Paprika und schneiden Sie sie in kleine Würfel. Pressen Sie den Saft aus der halben Orange.

3 Heizen Sie den Backofen auf 140 °C mit Umluftfunktion vor. Geben Sie das übrige Olivenöl in einen ofenfesten Bräter und braten Sie das Fleisch rundherum an. Geben Sie die Zuckererbsenschoten und die Paprikawürfel dazu und braten Sie sie kurz mit an. Löschen Sie die Zutaten mit der Brühe, der Kokosmilch und dem Orangensaft ab und stellen Sie den Bräter auf die untere Schiene des Backofens. Garen Sie die Zutaten für etwa 35 Minuten.

4 In der Zwischenzeit schälen Sie die Papaya, entfernen die Kerne und schneiden das Fruchtfleisch in Würfel. Garen Sie nach Packungsanweisung den Couscous.

5 Etwa 5 Minuten vor Garende des Fleisches geben Sie die Papayawürfel dazu und streuen die Kokosraspeln über das Fleisch.

6 Zum Servieren schneiden Sie das Fleisch in Scheiben und richten es mit dem Couscous und dem Gemüse an.

KARIBISCHER EINTOPF

4 Port.

90 Min.

Leicht

Zutaten

1 kg Schweineschulter
5 Knoblauchzehen
1 Kochbanane
150 g Zwiebeln
1 Paprika, rot
150 g Okraschoten
150 g Mais, TK-Ware
30 g Koriander
500 ml Wasser
3 EL Schmalz
1 EL Mehl
1 Prise Zimt
½ EL Pfeffer
1 TL Salz

Nährwerte p. P.

804 kcal
35 g Kohlenhydrate
52 g Fett
48 g Eiweiß

1 Pellen Sie die Zwiebeln und den Knoblauch und schneiden Sie beides in kleine Würfel. Schneiden Sie das Fleisch in mundgerechte Stücke.

2 Erhitzen Sie 1 EL Schmalz in einem Topf und braten Sie die Zwiebeln und den Knoblauch darin an. Geben Sie portionsweise das Fleisch hinzu und braten Sie es an.

3 Streuen Sie das Mehl, das Salz, den Pfeffer und den Zimt darüber und vermischen Sie alles miteinander. Löschen Sie die Zutaten mit dem Wasser ab und köcheln Sie sie bei niedriger Temperatur für etwa 45 Minuten.

4 Währenddessen schälen Sie die Banane und schneiden sie in Scheiben. Säubern Sie die Okraschoten und die Paprika. Schneiden Sie die Paprika in Würfel. Spülen Sie den Koriander ab und hacken Sie ihn in feine Stücke.

5 Erhitzen Sie 1 EL Schmalz in einer Pfanne und braten Sie darin die Bananenscheiben von allen Seiten an. Nehmen Sie sie wieder heraus und erhitzen Sie einen weiteren Esslöffel Schmalz in der Pfanne. Schwenken Sie die Okraschoten kurz in der Pfanne und nehmen Sie sie wieder heraus.

6 Nach der Kochzeit des Fleisches geben Sie die Okraschoten, die Bananenscheiben, die Paprikawürfel und den Mais dazu und köcheln alles für weitere 15 Minuten.

7 Zum Servieren bestreuen Sie den Eintopf mit dem Koriander.

KARIBIK-GRIOTS (SCHWEINEFLEISCHSPIEß)

 15 Stk.

 295 Min.

 Leicht

Zutaten

600 g Schweinefleisch, mager
1 Glas Silberzwiebeln
1 Orange
2 Zwiebeln
2 Zitronen
2 Chilischoten, rot
2 Knoblauchzehen
1 Zweig Thymian
2 EL Rum, weiß
1 EL Öl
1 Msp. Zimt, gemahlen
1 TL Gewürznelken, gemahlen
1 TL Kreuzkümmel, gemahlen
1 Prise Salz
1 Prise Pfeffer, schwarz
Wasser
15 Holzspieße

Nährwerte p. Stk.

66 kcal
2 g Kohlenhydrate
2 g Fett
9 g Eiweiß

1 Säubern Sie die Chilischoten und schneiden Sie sie in kleine Würfel. Pellen Sie die Zwiebeln und den Knoblauch und schneiden Sie beides in feine Stücke. Pressen Sie den Saft aus den Zitronen und aus der Orange.

2 Schneiden Sie das Fleisch in 30 gleich große Stücke und geben Sie es in eine große Schüssel. Würzen Sie es mit Salz und Pfeffer und mischen Sie das eben zerkleinerte Gemüse darunter. Anschließend füllen Sie alle weiteren Zutaten, außer die Silberzwiebeln, dazu und vermengen sie gründlich mit dem Fleisch. Stellen Sie die Schüssel mit Folie abgedeckt zum Marinieren für etwa 4 Stunden in den Kühlschrank.

3 Nach der Marinierzeit geben Sie die Fleischstücke mitsamt der Marinade in einen Topf und gießen so viel Wasser auf, dass die Zutaten gerade bedeckt sind. Kochen Sie die Speise einmal auf und reduzieren Sie anschließend die Temperatur auf mittlere Hitze. Garen Sie die Zutaten für etwa 30 Minuten.

4 Anschließend geben Sie den Inhalt des Topfes zum Abtropfen in ein Sieb. Erhitzen Sie das Öl in einer Pfanne und braten Sie die Fleischstücke rundherum für etwa 3 Minuten an.

5 Nun setzen Sie im Wechsel ein Stück Fleisch und eine Silberzwiebel auf einen Spieß.

6 Servieren Sie die Spieße mit einem scharfen Ketchup oder einem Mango-Chutney (Rezept in diesem Kochbuch).

Hauptgerichte mit Fisch & Meeresfrüchten

FISCHCURRY MIT GARNELEN

6 Port.

90 Min.

Leicht

Zutaten

24 Garnelen
6 Rotbarschfilets
700 g Süßkartoffeln
300 g Zuckerschoten
½ Ananas
4 Möhren
2 Chilischoten, rot
5 Knoblauchzehen
2 Kochbananen
250 ml Gemüsebrühe
800 ml Kokosmilch
2 EL Kreuzkümmel
1 EL Fenchelsamen
3 EL Kokosraspeln
30 g Ingwer
3 Limetten, Saft und abgeriebene Schale
nach Belieben:
Koriander, gemahlen
Koriandergrün
Kardamom
Salz
Zimt
Pfeffer
Zucker
Olivenöl
Butter
Rapsöl
Honig

1 Pellen Sie den Knoblauch und hacken Sie ihn in feine Stücke. Schälen Sie den Ingwer und schneiden Sie ihn in kleine Stücke. Säubern Sie die Chilischoten und schneiden Sie sie in kleine Stücke. Vermischen Sie diese Zutaten in einer Schüssel.

2 Schälen Sie die Süßkartoffeln und schneiden Sie sie in Spalten. Schälen Sie die Möhren und schneiden Sie sie in mundgerechte Stücke. Vermischen Sie beides in einer Schüssel.

3 Erhitzen Sie eine Pfanne ohne Fettzugabe und rösten Sie darin den Kreuzkümmel kurz an. Anschließend zerstoßen Sie ihn in einem Mörser.

4 Geben Sie die Hälfte der Knoblauch-Chili-Ingwermischung in eine Schüssel und mischen Sie etwas Olivenöl dazu. Rühren Sie nach Belieben Kardamom, Salz und Pfeffer dazu und rühren Sie den gerösteten Kreuzkümmel darunter. Geben Sie diese Mischung über die Süßkartoffel-Möhrenmischung.

5 Heizen Sie den Backofen auf 200 °C mit Umluftfunktion vor und garen Sie die Süßkartoffel-Möhren-Mischung für etwa 20 Minuten.

6 In der Zwischenzeit erhitzen Sie etwas Rapsöl in einer Pfanne und geben etwa ein Drittel der übrigen Knoblauch-Chili-Ingwermischung hinein. Dünsten Sie die Mischung kurz an und fügen dann die Garnelen dazu. Braten Sie sie kurz an und würzen Sie sie mit etwas Salz. Stellen Sie anschließend die Pfanne beiseite.

Nährwerte p. P.

112 kcal
12 g Kohlenhydrate
5 g Fett
6 g Eiweiß

7 Säubern Sie den Fisch, träufeln Sie den Saft einer Limette darüber und würzen Sie ihn mit etwas Salz. Erhitzen Sie etwas Öl in einer Pfanne und rösten Sie darin kurz die Fenchelsamen an. Geben Sie den Fisch hinein und braten Sie ihn kurz von beiden Seiten an. Verteilen Sie die Fischfilets und die Garnelen auf einem mit Backpapier ausgelegten Blech. Kurz vor dem Servieren garen Sie den Fisch und die Garnelen für etwa 3 Minuten bei 200 °C im Backofen zu Ende.

8 Säubern Sie die Zuckerschoten und halbieren Sie sie. Schälen Sie die Ananas und schneiden Sie sie in Würfel.

9 Geben Sie den Rest der Knoblauch-Chili-Ingwermischung in einen Topf und dünsten Sie sie kurz an. Füllen Sie die Kokosmilch und die Gemüsebrühe dazu. Würzen Sie die Zutaten nach Belieben mit Kreuzkümmel, Kardamom, Koriander, Pfeffer und Salz. Köcheln Sie die Speise etwas ein. Anschließend schmecken Sie sie mit etwas Zucker und der abgeriebenen Schale einer Limette ab. Vor dem Servieren geben Sie die Ananaswürfel, die Zuckerschoten und die Garnelen dazu.

10 Entfernen Sie die Schale der Kochbananen und schneiden Sie sie in Scheiben. Träufeln Sie den Rest des Limettensaftes darüber. Erhitzen Sie etwas Butter in einer Pfanne und geben Sie die Bananenscheiben hinein. Garen Sie sie bei mittlerer Temperatur für etwa 10 Minuten unter gelegentlichem Umrühren. Anschließend würzen Sie die Bananen nach Belieben mit Honig und Zimt.

11 Zum Servieren richten Sie alle Zutaten auf einem Teller an und garnieren die Speise mit den Kokosraspeln und dem Koriandergrün.

RED SNAPPER GEBACKEN

 4 Port.
 45 Min.
 Leicht

Zutaten

1 kg Red Snapper (karibische Fischart)
4 Knoblauchzehen
1 Zitrone
1 Bund Petersilie
4 EL Olivenöl
1 Prise Pfeffer, schwarz
1 Prise Salz

Nährwerte p. P.

385 kcal
3 g Kohlenhydrate
19 g Fett
51 g Eiweiß

1 Heizen Sie den Backofen auf 200 °C mit Umluftfunktion vor.

2 Säubern Sie den Fisch und entfernen Sie alle Schuppen. Waschen Sie die Zitrone ab und halbieren Sie sie. Schneiden Sie die Zitronenhälften in dünne Scheiben. Pellen Sie den Knoblauch und schneiden Sie ihn in grobe Stücke. Spülen Sie die Petersilie ab und hacken Sie sie in feine Stücke.

3 Würzen Sie den Fisch von innen und von außen mit Salz und Pfeffer. Geben Sie die Petersilie, die Zitronenscheiben und die Knoblauchstücke in den Bauch des Fisches.

4 Bestreichen Sie ein Backblech mit 2 EL Olivenöl und legen Sie den Fisch darauf. Das übrige Olivenöl verteilen Sie auf dem Fisch. Schieben Sie das Backblech auf die mittlere Schiene des Backofens und garen Sie die Speise für etwa 20 Minuten.

5 Nach der Garzeit ziehen Sie die Haut des Fisches ab und filetieren ihn. Verteilen Sie das Fleisch auf 4 Teller und bestreichen Sie die Portionen mit dem Olivenöl vom Backblech.

FISCH MIT MARACUJA UND MANGO

4 Port.

45 Min.

Leicht

Zutaten

700 g Rotbarschfilet
500 g Nudeln
2 Maracujas
1 Mango
1 Zwiebel
3 TL Senf
4 EL Butter
3 EL Mehl
2 EL Öl
1 Dose Kokosmilch
1 Prise Pfeffer
1 Prise Salz
Chilipulver, nach Belieben

Nährwerte p. P.

998 kcal
85 g Kohlenhydrate
48 g Fett
50 g Eiweiß

1 Kochen Sie die Nudeln nach Packungsanweisung gar. Währenddessen schälen Sie die Mango und entfernen den Kern. Schneiden Sie das Fruchtfleisch in Würfel. Die halbe Menge geben Sie in eine Schüssel und stellen sie beiseite. Die andere Hälfte pürieren Sie zu einem feinen Brei.

2 Schneiden Sie die Maracujas zur Hälfte durch und entfernen Sie das Fruchtfleisch aus der Schale. Geben Sie es in einen Topf und erhitzen Sie es bei niedriger Temperatur. Rühren Sie dabei immer um, damit sich die Kerne vom Fruchtfleisch lösen. Anschließend passieren Sie es durch ein Sieb und mischen es unter das Mangopüree. Pürieren Sie beides noch einmal gut durch.

3 Pellen Sie die Zwiebel und schneiden Sie sie in kleine Würfel. Schneiden Sie das Rotbarschfilet in grobe Stücke und wälzen es im Mehl. Erhitzen Sie 2 EL Butter in einer Pfanne und braten Sie darin die Fischstücke an. Stellen Sie die Pfanne danach beiseite.

4 Erhitzen Sie die übrige Butter mit dem Öl in einem Topf und dünsten Sie darin die Zwiebeln glasig an. Füllen Sie die Kokosmilch hinein und köcheln Sie alles bei niedriger Temperatur für ein paar Minuten.

5 Nun geben Sie das Mango-Maracuja-Püree und die Mangowürfel hinein. Würzen Sie mit Salz, Pfeffer, dem Senf und nach Belieben mit dem Chilipulver und verrühren Sie alles gut miteinander.

6 Mischen Sie vorsichtig die Fischstücke unter die Masse und erwärmen Sie alles vorsichtig bei niedriger Temperatur.

7 Servieren Sie die Fischspeise mit den Nudeln.

FISCH MIT TOMATENSALSA

4 Port.

45 Min.

Leicht

Zutaten

600 g Heilbuttfilet
2 Frühlingszwiebeln
2 Knoblauchzehen
4 Tomaten
2 Limetten, den Saft davon
1 TL Zucker
1 EL Koriander, gehackt
2 Prisen Pfeffer
2 Prisen Salz
5 EL Olivenöl

Nährwerte p. P.

247 kcal
6 g Kohlenhydrate
10 g Fett
31 g Eiweiß

1 Waschen Sie den Fisch und tupfen Sie ihn mit einem Stück Küchenpapier trocken. Schneiden Sie den Fisch in 8 gleich große Stücke. Träufeln Sie die halbe Menge des Limettensaftes über den Fisch und stellen Sie ihn für 20 Minuten zum Ziehen in den Kühlschrank.

2 Währenddessen pellen Sie den Knoblauch und hacken ihn in feine Stücke. Entfernen Sie die Haut von den Tomaten und schneiden Sie sie in Würfel. Säubern Sie die Frühlingszwiebeln und schneiden Sie sie in dünne Ringe.

3 Geben Sie die Tomatenwürfel, die Knoblauchstücke, die Zwiebelringe, den Koriander, den Zucker, 2 EL Olivenöl und den übrigen Limettensaft in eine Rührschüssel und vermischen Sie alle Zutaten gut miteinander. Würzen Sie die Mischung mit Salz und Pfeffer.

4 Tupfen Sie den Fisch mit einem Stück Küchenpapier trocken. Erhitzen Sie 3 EL Olivenöl in einer Pfanne und braten Sie den Fisch von beiden Seiten, bis er gar ist. Würzen Sie ihn mit Salz und Pfeffer.

5 Richten Sie den Fisch auf Tellern an und geben Sie die Tomaten-Salsa darüber.

KARIBISCHE FISCHFRIKADELLEN

20 Stk. 60 Min. Leicht

Zutaten

450 g Salzfisch
1 Zwiebel
3 Eier
3 Kartoffeln, mittelgroß und gekocht
3 Knoblauchzehen
Chilischoten, nach Belieben
3 EL Kokosöl
Petersilie, nach Belieben, gehackt
Korianderblätter, nach Belieben, gehackt
1 Prise Muskatnuss

Nährwerte p. Stk.

54 kcal
3 g Kohlenhydrate
2 g Fett
5 g Eiweiß

1 Wässern Sie nach Packungsanleitung den Salzfisch. Wechseln Sie währenddessen das Wasser mehrmals. Dieser Vorgang kann zwischen 6 und 48 Stunden dauern. Anschließend spülen Sie den Fisch gründlich ab und garen ihn in einer Pfanne. Tritt dabei noch Wasser aus, gießen Sie es ab. Zerpflücken Sie den gegarten Fisch in kleine Stücke.

2 Pellen Sie die Zwiebel und schneiden Sie sie in kleine Würfel. Entfernen Sie die Schale vom Knoblauch und hacken Sie ihn in kleine Stücke. Säubern Sie die Chilischoten und schneiden Sie sie in kleine Stücke.

3 Erhitzen Sie 1 EL Kokosöl in einer Pfanne und braten Sie die Zwiebelwürfel und die Knoblauchstücke darin an. Geben Sie die Chilistücke dazu und dünsten Sie sie für kurze Zeit mit.

4 Nun geben Sie die Fischstücke dazu und braten alles bei mittlerer Temperatur. Zerteilen Sie dabei den Fisch in noch kleinere Stücke. Anschließend stellen Sie die Pfanne zum Abkühlen beiseite.

5 Stampfen Sie die Kartoffeln zu einem feinen Mus und mischen Sie es unter die Fischpfanne. Verquirlen Sie die Eier und heben Sie sie unter die Fischmischung. Rühren Sie die gehackten Kräuter dazu und würzen Sie alles mit etwas Muskatnuss.

6 Formen Sie aus der Masse mithilfe zweier Esslöffel kleine Frikadellen. Erhitzen Sie 2 EL Kokosöl (eventuell auch mehr) in einer Pfanne und braten Sie die Fischfrikadellen darin von allen Seiten, bis sie eine goldbraune Farbe angenommen haben. Zum Servieren reichen Sie einen Salat dazu.

KARIBISCHER FISCHAUFLAUF

4 Port.

75 Min.
+
2 Std.
Ziehzeit

Leicht

Zutaten

4 Koteletts vom Heilbutt
800 g Blumenkohl
150 g Möhren
500 g Kartoffeln
½ Zitrone, den Saft davon
1 Gemüsezwiebel
3 Tomaten
4 Zweige Thymian
1 EL Chilisoße, Fertigprodukt
20 g Butter
2 TL Senf
375 ml Wasser
1 Prise Pfeffer
1 Prise Salz

Nährwerte p. P.

265 kcal
32 g Kohlenhydrate
6 g Fett
19 g Eiweiß

1 Waschen Sie den Fisch ab und tupfen Sie ihn trocken. Träufeln Sie den Zitronensaft darüber und würzen Sie ihn mit Salz. Stellen Sie den Fisch für 30 Minuten in den Kühlschrank.

2 In der Zwischenzeit säubern Sie den Blumenkohl und teilen ihn in kleine Röschen. Schälen Sie die Möhren und die Kartoffeln und schneiden Sie beides in Scheiben. Bringen Sie etwas Salzwasser zum Kochen und garen Sie darin den Blumenkohl für 15 Minuten. Nach 5 Minuten Kochzeit geben Sie die Kartoffel- und die Möhrenscheiben hinzu und garen sie für die restlichen 10 Minuten mit.

3 Säubern Sie die Tomaten und schneiden Sie sie in Scheiben. Pellen Sie die Zwiebel, halbieren Sie sie und schneiden Sie die Hälften in dünne Scheiben. Spülen Sie den Thymian ab und entfernen Sie die Blätter.

4 Erhitzen Sie die Butter in einer Pfanne und braten Sie darin die Zwiebelringe glasig an. Gießen Sie das Wasser hinzu und würzen Sie mit Salz, Pfeffer und Senf. Verrühren Sie die Chilisoße mit den Zutaten. Anschließend geben Sie den Fisch und die Tomaten dazu und garen die Speise mit aufgelegtem Deckel bei niedriger Temperatur für etwa 10 Minuten. Danach rühren Sie die Thymianblätter hinein.

5 Währenddessen fetten Sie eine Auflaufform ein. Nach der Garzeit nehmen Sie vorsichtig den Fisch und die Tomatenscheiben aus der Pfanne und schichten beides in die Auflaufform. Verteilen Sie das Gemüse aus der Pfanne darüber und gießen Sie die Soße dazu. Stellen Sie die Auflaufform für 2 Stunden zum Ziehen in den Kühlschrank.

6 Heizen Sie den Backofen auf 200 °C mit Umluftfunktion vor und überbacken Sie den Auflauf für etwa 30 Minuten.

KOKOSFORELLE

4 Port.	60 Min. + 3 Std. Ziehzeit	Leicht

Zutaten

4 Forellen à ca. 300 g
150 g Paprika, gegrillt aus dem Glas
1 Mango
1 Zwiebel, rot
1 Chilischote, rot
1 Stück Ingwer, ca. 3 cm
1 Knoblauchzehe
6 EL Kokosmilch
2 TL Sojasoße
3 EL Pflanzenöl
1 EL Limettensaft
1 EL Weißweinessig
1 Prise Pfeffer
1 Prise Salz

Nährwerte p. P.

291 kcal
14 g Kohlenhydrate
12 g Fett
31 g Eiweiß

1 Schälen Sie den Ingwer und reiben Sie ihn in ein Schälchen. Pellen Sie den Knoblauch und pressen Sie ihn in ein Schälchen. Säubern Sie die Chilischote und schneiden Sie sie in kleine Würfel. Waschen Sie die Fische gründlich ab und tupfen Sie sie mit einem Stück Küchenpapier trocken.

2 Geben Sie die Kokosmilch in eine Schüssel und rühren Sie 2 EL Öl dazu. Verrühren Sie den Limettensaft, die Sojasoße, die Chiliwürfel, den geriebenen Ingwer und den gepressten Knoblauch im Kokosmilchgemisch. Bestreichen Sie die Fische von innen und von außen mit der Marinade und stellen Sie sie für etwa 3 Stunden zum Ziehen in den Kühlschrank.

3 In der Zwischenzeit pellen Sie die Zwiebel und schneiden sie in kleine Würfel. Schälen Sie die Mango, entfernen Sie den Kern und schneiden Sie das Fruchtfleisch in kleine Würfel. Schneiden Sie die Paprika in kleine Würfel. Geben Sie alles in eine Rührschüssel und vermischen es mit dem übrigen Öl und dem Essig.

4 Tupfen Sie die Fische ab und würzen Sie sie mit Salz und Pfeffer. Braten Sie die Fische in einer Pfanne, bis sie gar sind, oder grillen Sie sie in einer speziellen Fischzange auf dem Grill für etwa 10 bis 15 Minuten.

5 Servieren Sie den Fisch mit Salat und/oder geröstetem Brot.

Vegetarische Hauptgerichte

KARIBISCHER GEMÜSETOPF

4 Port.

60 Min.

Leicht

Zutaten

500 g Blumenkohl
200 g Lauch
300 g Möhren
1 Chilischote, rot
4 Knoblauchzehen
1 Zwiebel
10 g Ingwer
500 ml Gemüsesuppe (Fertigprodukt)
150 ml Kokosmilch
1 Zitrone, abgeriebene Schale
2 EL Limettensaft
1 TL Sojasoße
½ TL Fenchelsamen, zerstoßen
½ TL Thymian, getrocknet
1 TL Koriander, zerstoßen
4 Pimentkörner, zerstoßen
½ TL Kurkuma
1 Prise Muskat
1 Prise Zimt
1 Prise Salz
etwas Zitronensaft
500 g Süßkartoffeln
2 EL Öl

1 Heizen Sie den Backofen auf 200 °C mit Umluftfunktion vor und belegen Sie ein Blech mit Backpapier. Schälen Sie die Süßkartoffeln und schneiden Sie sie in Spalten. Geben Sie die Kartoffelspalten in eine Schüssel und vermengen Sie sie mit dem Öl und etwas Salz. Anschließend verteilen Sie die Spalten auf dem Backblech und backen sie für etwa 20 Minuten auf der mittleren Schiene.

2 Währenddessen pellen Sie die Zwiebel und den Knoblauch und schneiden beides in feine Stücke. Säubern Sie das Gemüse und teilen Sie den Blumenkohl in Röschen. Schneiden Sie die Möhren in Scheiben und den Lauch in dünne Ringe. Säubern Sie die Chilischote und hacken Sie sie in feine Stücke. Schälen Sie den Ingwer und schneiden Sie ihn in kleine Stücke.

3 Füllen Sie die Kokosmilch und die Gemüsesuppe in einen Topf und kochen Sie die Flüssigkeit kurz auf. Geben Sie die Zwiebelwürfel, den Knoblauch, die Zitronenschale, die Sojasoße, den Limettensaft, den Thymian, das Piment, den Koriander, den Fenchel, das Kurkumapulver, das Zimt sowie die Muskatnuss dazu. Verrühren Sie alle Zutaten miteinander und legen Sie einen Deckel auf. Köcheln Sie alles bei niedriger Temperatur, bis die Zwiebel weich geworden ist.

4 Nun geben Sie den Blumenkohl und die Möhren in den Topf. Köcheln Sie die Speise für weitere 4 Minuten.

Nährwerte p. P.

339 kcal
65 g Kohlenhydrate
3 g Fett
10 g Eiweiß

5 Anschließend mischen Sie den Ingwer, die Chili und den Lauch darunter und köcheln alles für 5 Minuten weiter.

6 Nehmen Sie etwa 100 g des Blumenkohls mit 4 Esslöffeln des Kochsudes aus dem Topf und geben beides in eine Schüssel. Pürieren Sie den Blumenkohl mit der Flüssigkeit zu einem feinen Brei und fügen Sie ihn wieder den Zutaten im Topf zu. Vermischen Sie den Blumenkohlbrei sorgfältig.

7 Schmecken Sie die Speise mit Zitronensaft, Salz und Muskat ab. Zum Servieren reichen Sie die Süßkartoffelspalten dazu.

KARIBISCHE NUDELPFANNE

 4 Port.

 35 Min.

 Leicht

Zutaten

Nudeln:

2 EL Mehl
50 ml Kokosmilch
2 Eier
2 EL Kokosöl
1 TL Gemüsebrühpulver

Gemüse:

1 Frühlingszwiebel
2 Peperoni, mittelscharf
100 g Ananas, stückig aus der Konserve
1 Möhre
2 EL Kokosöl

Soße:

4 Zwiebeln, rot
2 EL Kokosöl
2 Tomaten
1 Chilischote, grün
2 Knoblauchzehen
20 ml Ananassaft aus der Konserve
50 ml Nudelkochwasser
1 EL Colombo-Gewürzmischung

Dekoration:

einige Ananasstücke
einige Erdnüsse, geröstet und gesalzen

Die Nudeln:

1 Geben Sie die Kokosmilch und das Gemüsebrühpulver mit den Eiern in eine Rührschüssel. Rühren Sie das Mehl dazu und stellen Sie einen homogenen Teig her.

2 Erhitzen Sie das Kokosöl in einer Pfanne und bereiten Sie aus dem Teig zwei Pfannkuchen zu. Stellen Sie sie zum Abkühlen beiseite. Anschließend rollen Sie die Pfannkuchen auf und schneiden sie in etwa 6 Millimeter breite Nudelstücke.

3 Kochen Sie die Nudeln in Salzwasser, bis sie gar sind. Bewahren Sie das Kochwasser für später auf.

Das Gemüse:

1 Schälen Sie die Möhre, pellen Sie die Frühlingszwiebel und säubern Sie die Peperoni. Schneiden Sie alles in etwa 8 Zentimeter lange, dünne Streifen. Schneiden Sie die Ananasstücke zur Hälfte durch und legen Sie einige davon zum Garnieren beiseite. Stellen Sie den Ananassaft für später beiseite.

Nährwerte p. 100 g

79 kcal
4 g Kohlenhydrate
4 g Fett
6 g Eiweiß

Die Soße:

1 Pellen Sie die Zwiebeln und den Knoblauch und schneiden Sie beides in kleine Stücke. Entfernen Sie die Haut von den Tomaten und schneiden Sie sie in Würfel. Säubern Sie die Chilischote und schneiden Sie sie in dünne Scheiben.

2 Erhitzen Sie das Kokosöl in einer Pfanne und braten Sie darin die Zwiebeln und den Knoblauch glasig an. Geben Sie die Chilischeiben dazu und mischen Sie anschließend die Tomatenwürfel bei. Gießen Sie 50 ml vom Nudelkochwasser und 20 ml vom Ananassaft hinein. Mischen Sie das Colombo-Gewürz in das Gemüse und halten Sie die Soße warm.

Fertigstellung:

1 Erhitzen Sie das Kokosöl in einer Pfanne und geben Sie die Gemüsestreifen hinein. Braten Sie das Gemüse für einige Minuten und geben Sie dann die Nudeln hinzu. Füllen Sie die Soße in die Pfanne und verrühren Sie alle Zutaten vorsichtig miteinander. Die Nudeln sollen sich mit der Soße vollsaugen.

2 Zum Servieren geben Sie die Ananasstücke und die Erdnüsse über die Speise.

ERDNUSS-SUPPE

4 Port.

20 Min.

Leicht

Zutaten

2 Frühlingszwiebeln
120 g Erdnüsse, gesalzen und geröstet
1 Chilischote
1 EL Öl
400 ml Gemüsebrühe
150 ml Sahne
½ EL Angostura

Nährwerte p. P.

321 kcal
6 g Kohlenhydrate
28 g Fett
9 g Eiweiß

1 Säubern Sie die Frühlingszwiebeln und schneiden Sie sie mitsamt dem grünen Teil in dünne Ringe. Stellen Sie vom Grün eine kleine Menge beiseite. Säubern Sie die Chilischote und hacken Sie sie in feine Stücke. Füllen Sie die Erdnüsse in einen Multizerkleinerer und mahlen Sie sie zu einem feinen Pulver.

2 Erhitzen Sie das Öl in einer ausreichend großen Pfanne und dünsten Sie darin die Zwiebeln sowie die Chilistücke glasig an. Mischen Sie die gemahlenen Erdnüsse darunter. Nach kurzem Anbraten geben Sie alle weiteren Zutaten in die Pfanne. Köcheln Sie die Suppe für etwa 5 Minuten.

3 Zum Servieren garnieren Sie die Suppe mit den grünen Zwiebelringen.

Beilagen

BAHAMIAN MAC & CHEESE

6 Port. 90 Min. Leicht

Zutaten

350 g Cheddarkäse, gerieben
500 g Makkaroni
330 ml Kondensmilch
1 Zwiebel
6 EL Butter
1 Ei
½ TL Chiliflocken
1 TL Paniermehl
1 Prise Paprikapulver, edelsüß
1 Prise Pfeffer
1 Prise Salz

Nährwerte p. P.

689 kcal
66 g Kohlenhydrate
33 g Fett
30 g Eiweiß

1 Heizen Sie den Backofen auf 180 °C mit Umluftfunktion vor und kochen Sie die Nudeln nach Packungsempfehlung al dente. In der Zwischenzeit pellen Sie die Zwiebel und schneiden sie in feine Stücke. Schlagen Sie das Ei in eine kleine Schüssel und verquirlen Sie es. Bestreichen Sie eine Auflaufform mit 1 EL Butter.

2 Nach der Kochzeit gießen Sie die Nudeln ab und geben sie wieder in den Topf. Rühren Sie 4 EL Butter hinein, bis sie geschmolzen ist. Würzen Sie die Nudeln mit dem Paprikapulver und Pfeffer. Anschließend rühren Sie die Zwiebelstücke und die Chiliflocken darunter.

3 Nun rühren Sie portionsweise den Käse in die Nudeln. Stellen Sie etwa ¼ der Menge zum Überbacken beiseite.

4 Gießen Sie nach und nach die Kondensmilch zu den Nudeln und verrühren Sie sie gut. Erscheint Ihnen die Mischung zu dick, können Sie etwas mehr Milch hinzugeben. Schmecken Sie die Nudeln mit Salz ab und rühren Sie anschließend das Ei hinein.

5 Füllen Sie die Nudelmasse in die Auflaufform und streuen Sie den restlichen Käse und das Paniermehl darüber. Verteilen Sie den Rest der Butter in kleinen Flöckchen auf der Oberfläche des Auflaufs und backen Sie ihn für etwa 1 Stunde, bis er eine goldbraune Farbe angenommen hat.

KARIBISCHER KOKOSREIS

6 Port.

30 Min.

Leicht

Zutaten

1 Liter Kokosmilch
600 g Reis, Langkorn
1 Stange Zimt
1 Prise Salz

Nährwerte p. P.

552 kcal
38 g Kohlenhydrate
40 g Fett
7 g Eiweiß

1 Geben Sie den Reis in ein Sieb und spülen Sie ihn gründlich durch. Gießen Sie die Kokosmilch in einen Topf und geben Sie den Reis und die Zimtstange dazu.

2 Kochen Sie die Zutaten bei mittlerer Temperatur auf, reduzieren Sie dann die Hitze auf die niedrigste Stufe und köcheln Sie den Reis unter ständigem Rühren für etwa 30 Minuten. Anschließend schmecken Sie die Speise nach Belieben mit Salz ab.

KARIBISCHER REIS

4 Port. 30 Min. Leicht

Zutaten

500 g Reis, vorgegart
400 ml Kokosmilch
3 TL Sambal Oelek
2 Zitronen
1 Zweig Minze, frisch
1 TL Salz
1 Peperoni

Nährwerte p. P.

421 kcal
42 g Kohlenhydrate
25 g Fett
6 g Eiweiß

1 Waschen Sie die Zitronen gründlich ab und reiben Sie die Schale in eine Schüssel. Anschließend pressen Sie den Saft heraus und mischen ihn mit der Zitronenschale. Gießen Sie die Kokosmilch dazu und würzen Sie alles mit dem Salz. Nun rühren Sie das Sambal Oelek darunter.

2 Füllen Sie die Kokosmilchmischung in einen Topf und geben Sie den vorgekochten Reis hinein. Vermischen Sie alle Zutaten gut miteinander und köcheln Sie sie bei mittlerer Temperatur auf. Garen Sie den Reis unter Rühren zu Ende.

3 Währenddessen säubern Sie die Peperoni und schneiden sie in kleine Stücke. Spülen Sie die Minze ab und hacken Sie sie in feine Stücke.

4 Wenn der Reis gar ist, mischen Sie die Peperonistücke und die Minze dazu.

BOHNENREIS

 4 Port.

 75 Min.

 Leicht

Zutaten

200 g Basmatireis
200 g Kidneybohnen, getrocknet
750 ml Salzwasser
150 ml Kokosmilch
1 EL Zitronensaft
½ Pfefferschote, rot
2 Knoblauchzehen
1 Lorbeerblatt
1 Prise Salz
1 Prise Pfeffer
1 Msp. Kreuzkümmel, gemahlen
Koriandergrün zum Garnieren

Nährwerte p. P.

315 kcal
48 g Kohlenhydrate
9 g Fett
10 g Eiweiß

1 Pellen Sie den Knoblauch und drücken Sie die Zehen etwas zusammen. Geben Sie die Bohnen in ein Sieb und spülen Sie sie gründlich ab. Anschließend geben Sie sie in einen Topf. Gießen Sie das Salzwasser dazu und köcheln Sie sie mit den Knoblauchzehen und dem Lorbeerblatt für etwa 60 Minuten bei mittlerer Temperatur.

2 In der Zwischenzeit kochen Sie den Reis nach Packungsempfehlung und geben ihn dann zum Abtropfen in ein Sieb. Säubern Sie die Pfefferschote und schneiden Sie sie in dünne Ringe.

3 Füllen Sie die Kokosmilch in einen Topf und geben Sie die Pfefferschotenringe, den Pfeffer, den Kreuzkümmel und das Salz dazu. Kochen Sie die Kokosmilchmischung einmal kurz auf.

4 Nach der Kochzeit der Bohnen holen Sie das Lorbeerblatt und die Knoblauchzehen heraus. Mischen Sie die Bohnen mit dem warmen Reis und verrühren alles mit der Kokosmilchmischung sowie dem Zitronensaft. Garnieren Sie die Beilage mit dem Koriander.

KOCHBANANEN MIT CURRYMARINADE

6 Port.

45 Min.
+
12 Std.
Marinierzeit

Leicht

Zutaten

Marinade:
3 EL Curry
6 EL Öl
1 Prise Pfeffer

Kochbananen:
3 Kochbananen, reif und groß
½ TL Salz
6 Holzspieße

Nährwerte p. P.

273 kcal
40 g Kohlenhydrate
12 g Fett
2 g Eiweiß

1 Entfernen Sie die Schale der Bananen und schneiden Sie sie schräg in etwa 2 Zentimeter dicke Scheiben. Stecken Sie die Bananenscheiben auf die Spieße und legen Sie diese in eine längliche Form.

2 Verrühren Sie das Öl mit dem Currypulver und dem Pfeffer. Bestreichen Sie die Bananenspieße mit der Marinade und stellen Sie sie zugedeckt für mindestens 12 Stunden in den Kühlschrank.

3 Sie können die Bananenspieße entweder auf dem Grill oder aber in der Pfanne für etwa 10 Minuten von allen Seiten grillen/braten. Anschließend würzen Sie die Spieße mit dem Salz.

Tipp: Sehr reife Kochbananen erkennen Sie an einer auffallend gelben Schale, die eine schwarze Musterung aufweist.

GEFÜLLTE SÜẞKARTOFFELN

4 Port.

45 Min.

Leicht

Zutaten

50 g Walnusskerne, gehackt
1 Süßkartoffel, groß, etwa 250 g
100 g Ricotta-Käse
1 Eiweiß
50 g Spinat, gehackt
¼ TL Salz
Pfeffer, nach Belieben
Butter zum Braten

Nährwerte p. P.

199 kcal
16 g Kohlenhydrate
13 g Fett
6 g Eiweiß

1 Geben Sie den Ricotta-Käse, die Walnusskerne, das Eiweiß, den Spinat, das Salz und etwas Pfeffer in eine Schüssel und vermischen Sie alle Zutaten miteinander.

2 Halbieren Sie die Süßkartoffel und reiben Sie einen kleinen Teil davon an der Schnittstelle ab. Mischen Sie die Masse unter die eben hergestellte Käse-Spinat-Füllung.

3 Hobeln Sie die Süßkartoffel längs in etwa 24 dünne Scheiben. Belegen Sie ein Blech mit Backpapier und verteilen Sie die Hälfte der Kartoffelscheiben darauf. Bestreichen Sie die Scheiben mit der Füllung.

4 Erhitzen Sie die Butter in einer Pfanne und braten Sie die Kartoffelscheiben von beiden Seiten für etwa 3 Minuten.

AVOCADO-MÖHREN-KUGELN

5 Port.

30 Min.

Leicht

Zutaten

1 Avocado
3 Möhren
1 Kopfsalat
1 Knoblauchzehe
2 Zwiebeln
2 EL Zitronensaft
1 TL Paprikapulver
1 Prise Salz

Nährwerte p. P.

131 kcal
6 g Kohlenhydrate
10 g Fett
2 g Eiweiß

1 Schälen Sie die Avocado und entfernen Sie den Kern. Zerdrücken Sie das Fruchtfleisch mit einer Gabel oder einem Kartoffelstampfer und geben Sie den Brei in eine Schüssel.

2 Schälen Sie die Möhren und raspeln Sie sie zum Avocadobrei. Stellen Sie eine kleine Menge der Möhrenraspeln beiseite.

3 Pellen Sie die Zwiebeln, schneiden Sie sie in feine Stücke und geben Sie sie in die Schüssel. Pellen Sie den Knoblauch und pressen Sie ihn in die Schüssel.

4 Verkneten Sie die Zutaten mit dem Zitronensaft, dem Paprikapulver und dem Salz. Formen Sie aus der Masse kleine Kugeln und wälzen Sie sie in den beiseitegestellten Möhrenraspeln.

5 Zum Servieren richten Sie die Avocadokugeln portionsweise auf einem Salatblatt an.

Desserts und Kuchen

KOKOS-LIMETTEN-CREME

6 Port. 270 Min. Mittel

Zutaten

165 ml Kokosmilch
2 Eier
2 Limetten
1 TL Vanilleextrakt, flüssig
2 TL Maisstärke
2 TL Fix-Gelatine
2 EL Kokosraspeln
75 g Puderzucker

Nährwerte p. P.

170 kcal
16 g Kohlenhydrate
9 g Fett
4 g Eiweiß

1 Spülen Sie die Limetten gründlich ab und raspeln Sie die Schale einer Limette fein ab. Die Schale der zweiten Limette ziehen Sie in feinen Zesten ab. Anschließend pressen Sie den Saft aus beiden Früchten.

2 Trennen Sie die Eier und stellen Sie das Eiweiß vorerst in den Kühlschrank.

3 Geben Sie das Eigelb in eine Schüssel und mischen Sie die Stärke, das Vanilleextrakt, die Kokosmilch, den Puderzucker, den Limettensaft und die fein abgeriebene Limettenschale darunter. Dieses Prozedere erledigen Sie über einem warmen Wasserbad, bis eine cremige Masse entstanden ist.

4 Nehmen Sie die Creme aus dem Wasserbad und rühren Sie die Gelatine hinein. Stellen Sie die Speise zum Abkühlen beiseite.

5 Schlagen Sie das Eiweiß zu einem festen Schnee und heben Sie es unter die abgekühlte Creme. Verteilen Sie die Speise auf 6 Schälchen und stellen Sie sie für mindestens 4 Stunden in den Kühlschrank. Zum Servieren garnieren Sie die Creme mit den Kokosraspeln und den Limettenzesten.

GUAVA DUFF (GEFÜLLTE TEIGROLLE)

6 Port.

150 Min.

Mittel

Zutaten

Für den Teig:
12 frische Guaven oder
½ Glas Guavenmarmelade
200 g Zucker
300 g Mehl
3 Eier
2 TL Backpulver
1 TL Vanillemark
1 TL Zimt
½ TL Muskatnuss
1 Nelke, gemahlen
4 EL Butter, weich
1 Prise Salz
etwas Wasser
1 Prise Zucker

Für die Soße:
240 g Butter
200 g Zucker
2 TL Vanillemark
2 Eiweiße
1 EL Rum, nach Belieben

Nährwerte p. P.

944 kcal
131 g Kohlenhydrate
42 g Fett
9 g Eiweiß

1 Schälen Sie die Guaven und entfernen Sie die Kerne. Schneiden Sie das Fruchtfleisch in kleine Würfel und passieren Sie es durch ein Sieb. Fangen Sie den Saft auf und stellen Sie ihn beiseite.

2 Geben Sie das Guavenfruchtfleisch in einen Topf, füllen Sie etwas Wasser hinzu und erhitzen Sie es. Geben Sie ½ TL Zimt und 1 Prise Zucker dazu und vermischen Sie alles miteinander. Köcheln Sie die Masse bei niedriger Temperatur, bis alles schön weich geworden ist.

3 Möchten Sie alternativ Guavenmarmelade verwenden, brauchen Sie die beiden ersten Schritte nicht durchzuführen.

4 Schlagen Sie die Eier in eine Schüssel und mixen Sie sie zu einer schaumigen Masse. Verrühren Sie in einer weiteren großen Rührschüssel die Butter und den Zucker miteinander und fügen Sie dann die schaumige Eimasse sowie das Salz, das Vanillemark, die Nelke, die Muskatnuss und das übrige Zimtpulver dazu. Nachdem Sie alles gut vermischt haben, sieben Sie das Mehl mit dem Backpulver hinein und stellen einen Teig daraus her.

5 Auf einer bemehlten Arbeitsfläche rollen Sie den Teig etwa 1 Zentimeter dick aus. Verteilen Sie die gekochte Fruchtmasse oder die Marmelade auf dem Teig und rollen ihn dann auf (wie eine Biskuitrolle).

6 Bestreuen Sie ein Stück Alufolie mit Mehl, legen Sie die Teigrolle vorsichtig darauf und wickeln Sie sie ein. Die Enden der Folie drehen Sie zusammen.

7 Wiederholen Sie diesen Schritt, damit die Packung wasserdicht wird.

8 Kochen Sie etwas Wasser in einem großen Topf auf und legen Sie die Rolle hinein. Köcheln Sie die Speise bei niedriger Temperatur für etwa 90 Minuten. Der Teig soll währenddessen fest werden. Anschließend nehmen Sie die Rolle aus dem Wasser und stellen sie zum Abkühlen beiseite.

9 In der Zwischenzeit bereiten Sie die Soße zu, indem Sie das Eiweiß schaumig aufschlagen. Geben Sie die Butter und den Zucker in eine weitere Schüssel und verrühren beides zu einer cremigen Masse. Der Zucker soll komplett aufgelöst werden.

10 Geben Sie nun das Vanillemark und nach und nach das Eiweiß dazu. Vermischen Sie alles miteinander. Wenn Sie möchten, können Sie noch etwas Guavensaft und/oder Rum dazumischen.

11 Entfernen Sie die Alufolie und legen Sie die Teigrolle auf ein Schneidbrett. Schneiden Sie daraus etwa 2 Zentimeter dicke Scheiben.

12 Richten Sie die Scheiben in beliebiger Menge auf einem Teller an und gießen Sie etwas Buttersoße darüber. Sie können auch noch etwas vom gekochten Fruchtfleisch dazugeben (wenn übrig) oder die Scheiben mit Marmelade garnieren.

KARIBISCHER MILCHREIS-AUFLAUF

 4 Port.  60 Min.  Einfach

Zutaten

500 ml Milch
1 Pck. Fertigmilchreis (z. B. von Dr. Oetker oder Mondamin)
2 Eier
1 Ananas, sehr reif
2 EL Paniermehl
4 EL Zucker
30 g Kokosraspeln
Butterflöckchen, nach Belieben

Nährwerte p. P.

417 kcal
60 g Kohlenhydrate
15 g Fett
10 g Eiweiß

1 Gießen Sie die Milch in einen Topf und bringen Sie sie zum Kochen. Geben Sie den Milchreis dazu und verrühren Sie ihn kräftig mit der Milch. Legen Sie einen Deckel auf und stellen Sie den Milchreis zum Garziehen beiseite.

2 In der Zwischenzeit schälen Sie die Ananas und schneiden das Fruchtfleisch in Stücke. Heizen Sie den Backofen auf 175 °C mit Umluftfunktion vor und fetten Sie eine Auflaufform ein.

3 Geben Sie die Eier und 2 EL Zucker in eine Schüssel und verrühren Sie alles zu einer schaumigen Masse. Heben Sie sie vorsichtig unter den abgekühlten Milchreis.

4 Füllen Sie die Hälfte des Milchreises in die Auflaufform und verteilen Sie die Ananasstücke darauf. Bedecken Sie sie mit dem übrigen Milchreis.

5 Vermischen Sie in einer Schüssel die Kokosraspeln mit dem Paniermehl und dem übrigen Zucker und verteilen Sic diese Mischung auf dem Milchreis. Belegen Sie den Auflauf nach Belieben mit Butterflöckchen.

6 Garen Sie den Milchreis auf der mittleren Schiene des Backofens für etwa 30 Minuten.

MARINIERTE ANANAS

4 Port.

20 Min.

Einfach

Zutaten

1 Ananas
1 EL Rohrzucker
1 Limette
2 EL Rum
3 Zweige Minze

Nährwerte p. P.

111 kcal
19 g Kohlenhydrate
1 g Fett
1 g Eiweiß

1 Schälen Sie die Ananas und schneiden Sie das Fruchtfleisch in mundgerechte Würfel. Geben Sie die Ananasstücke in eine Schüssel.

2 Pressen Sie den Saft aus der Limette und füllen Sie ihn in die Schüssel zu den Ananasstücken. Spülen Sie die Minze ab, schütteln Sie sie trocken und hacken Sie sie in feine Stücke. Mischen Sie die Minze zu den Ananaswürfeln. Anschließend verrühren Sie den Zucker und den Rum darin.

3 Stellen Sie die marinierten Ananasstücke zum Ziehen in den Kühlschrank. Sie können sie zu Eis reichen oder mit Sahne genießen.

BANANEN-KOKOS-MILCHREIS

4 Port.

50 Min.

Einfach

Zutaten

80 g Reis, Rundkorn
2 Bananen
300 ml Kokosmilch
200 ml Sahne
4 EL Rum, weiß
40 g Walnüsse, grob gehackt
40 g Cashewkerne, grob gehackt
40 g Pinienkerne, grob gehackt
40 g Mandeln, grob gehackt
100 g Honig
60 g Zucker
1 EL Currypulver, mild

Nährwerte p. P.

893 kcal
71 g Kohlenhydrate
56 g Fett
16 g Eiweiß

1 Gießen Sie die Kokosmilch und die Sahne in einen Topf und kochen Sie beides kurz auf. Geben Sie den Reis, den Honig und das Currypulver dazu und vermischen Sie alles miteinander. Kochen Sie die Zutaten für etwa 20 Minuten, bis der Reis gar ist.

2 In der Zwischenzeit schälen Sie die Bananen und schneiden sie in Scheiben. Geben Sie den Zucker mit dem Rum in eine Pfanne und erhitzen Sie beides bei niedriger Temperatur. Rühren Sie immer wieder um, bis sich der Zucker gelöst hat. Anschließend wenden Sie vorsichtig die Bananenscheiben in der Masse und nehmen sie dann wieder heraus.

3 Nun geben Sie die Nusssorten in die übrig gebliebene Karamellmasse und rösten sie darin an.

4 Zum Servieren geben Sie eine beliebige Menge Milchreis in ein Schälchen und verteilen die Bananenscheiben und die gerösteten Nüsse darüber.

MANGO-CREME

4 Port.

15 Min.

Einfach

Zutaten

2 Mangos
60 ml Ahornsirup
220 g Mascarpone

Nährwerte p. P.

268 kcal
26 g Kohlenhydrate
16 g Fett
4 g Eiweiß

1 Schälen Sie die Mangos, entfernen Sie den Kern und schneiden Sie sie in kleine Stücke. Geben Sie die Mangostücke in eine Rührschüssel und pürieren Sie sie zu einem feinen Brei.

2 Geben Sie die Mascarpone dazu und vermischen Sie beides gründlich miteinander. Anschließend rühren Sie vorsichtig den Ahornsirup unter die Masse.

3 Bewahren Sie die Mango-Creme bis zum Servieren im Kühlschrank auf.

Getränke

BAHAMA MAMA (NATIONALGETRÄNK DER BAHAMAS)

  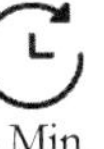 

1 Port. 5 Min. Leicht

Zutaten

10 ml Grenadine
20 ml Limettensaft
20 ml Ananassaft
20 ml Orangensaft
20 ml Kokosnusslikör
40 ml Rum, dunkel
40 ml Rum, weiß
Ananas oder Orange zum Garnieren
Eiswürfel

Nährwerte p. P.

305 kcal
8 g Kohlenhydrate
0 g Fett
1 g Eiweiß

1 Füllen Sie einige Eiswürfel in einen Shaker und geben Sie alle flüssigen Zutaten hinein.

2 Schütteln Sie die Flüssigkeiten sorgfältig durch. Geben Sie einige Eiswürfel in ein Cocktailglas und füllen Sie das Getränk durch ein Sieb hinein.

3 Garnieren Sie den Cocktail mit Ananas- oder Orangenstücken.

Tipp: Verwenden Sie als Glas eine ausgehöhlte Ananas und stecken Sie zusätzlich einen Strohhalm hinein.

KOKOS-TEQUILA-COCKTAIL

 1 Port.

 10 Min.

 Leicht

Zutaten

50 ml Kokosmilch
40 ml Tequila
20 ml Blue Curaçao
40 ml Avocado Cream Likör
Crushed Ice

Nährwerte p. P.

421 kcal
21 g Kohlenhydrate
15 g Fett
3 g Eiweiß

1 Geben Sie die Kokosmilch, den Tequila, den Blue Curaçao und den Avocado Cream Likör in einen Shaker und schütteln Sie ihn kräftig durch.

2 Befüllen Sie ein geeignetes Glas mit Crushed Ice und gießen Sie das Getränk darüber.

AVOCADO-WODKA-COCKTAIL

1 Port.

10 Min.

Leicht

Zutaten

50 ml Avocado Cream Likör
50 ml Wodka
20 ml Limoncello
Eiswürfel

Nährwerte p. P.

317 kcal
17 g Kohlenhydrate
4 g Fett
2 g Eiweiß

Geben Sie einige Eiswürfel in einen Shaker und füllen Sie die Getränke dazu. Schütteln Sie den Shaker kräftig durch und gießen Sie das Getränk in ein geeignetes Glas.

EIERLIKÖR-FRUCHT-COCKTAIL

1 Port. 3 Min. Leicht

Zutaten

40 ml Eierlikör mit Kokos
80 ml Maracujasaft
80 ml Ananassaft
40 ml Gin
3 Eiswürfel

Nährwerte p. P.

293 kcal
30 g Kohlenhydrate
3 g Fett
2 g Eiweiß

1 Geben Sie die Eiswürfel in einen Shaker. Gießen Sie den Eierlikör, den Maracujasaft, den Ananassaft und den Gin hinein und schütteln Sie alles für etwa 30 Sekunden gut durch.

2 Füllen Sie den Inhalt des Shakers mit den Eiswürfeln in ein geeignetes Glas.

AVIATION (BAHAMAISCHER COCKTAIL)

 1 Port.

 5 Min.

 Leicht

Zutaten

15 ml Maraschino-Likör
15 ml Zitronensaft
7,5 ml Crème de Violette (Violet Likör)
45 ml Gin
1 Cocktailkirsche
Eiswürfel

Nährwerte p. P.

175 kcal
6 g Kohlenhydrate
1 g Fett
1 g Eiweiß

1 Befüllen Sie einen Shaker halb voll mit Eiswürfeln. Geben Sie alle flüssigen Zutaten hinein und schütteln Sie sie gut durch.

2 Gießen Sie das Getränk durch ein Sieb in das vorgesehene Glas und garnieren Sie es mit der Cocktailkirsche.

INGWER-BIER (OHNE ALKOHOL)

4 Port.

15 Min. + 1 Tag Ruhezeit

Leicht

Zutaten

2,5 Liter Wasser
300 g Ingwer
50 g Zucker, braun
1 TL Reis
1 Zitrone, den Saft davon
2 Nelken
Vanilleextrakt oder Bittermandelöl, nach Belieben
Eiswürfel

Nährwerte p. P.

104 kcal
22 g Kohlenhydrate
1 g Fett
1 g Eiweiß

1 Schälen Sie den Ingwer und schneiden Sie ihn in grobe Scheiben. Geben Sie den Ingwer in einen Topf und füllen Sie das Wasser dazu. Mischen Sie den Reis und die Nelken hinein und kochen Sie alles einmal auf. Anschließend stellen Sie den Topf zum Abkühlen beiseite.

2 Wenn die Zutaten abgekühlt sind, stellen Sie den Topf über Nacht in den Kühlschrank. Am Verarbeitungstag lassen Sie die Flüssigkeit durch ein Sieb laufen, um den Reis und den Ingwer herauszuholen. Mischen Sie nun den Zucker, den Zitronensaft und das Vanilleextrakt (Bittermandelöl) dazu. Nach Bedarf können Sie auch mehr Zucker hinzugeben.

3 Servieren Sie das Getränk auf Eiswürfeln.

Tipp: Dieses Rezept ist sehr flexibel. Sie können das Getränk länger im Kühlschrank ziehen lassen, um den Geschmack zu intensivieren. Sie können ebenso mehr oder weniger Zucker und/oder Zitronensaft hinzugeben. Der Reis dient dazu, dem Ingwer den bitteren Geschmack zu nehmen.

ANANAS-RUM-PUNSCH

4 Port.

15 Min.

Leicht

Zutaten

1 Liter Ananassaft
300 ml Wasser
1 Pck. Vanillezucker
2 EL Zucker
1 Vanilleschote
4 EL Rum, weiß

Nährwerte p. P.

175 kcal
33 g Kohlenhydrate
1 g Fett
2 g Eiweiß

1 Füllen Sie das Wasser in einen Topf und rühren Sie den Zucker, den Vanillezucker und die halbierte Vanilleschote dazu. Kochen Sie die Flüssigkeit einmal auf und reduzieren dann die Temperatur auf die mittlere Stufe. Köcheln Sie die Zutaten für etwa 5 Minuten und nehmen Sie anschließend die Vanilleschote heraus.

2 Gießen Sie den Rum und den Ananassaft dazu und kochen Sie alles noch einmal kurz auf.

3 Servieren Sie den Punsch heiß in vorgewärmten Gläsern.

Soßen, Aufstriche, Cremes & Dips

SOFRITO (TOMATEN-KNOBLAUCH-SOSSE)

4 Port.

60 Min.

Leicht

Zutaten

4 Tomaten
2 Paprika, rot
4 Knoblauchzehen
2 Zwiebeln
1 ½ EL Adobo-Gewürz
2 EL Olivenöl
1 Bund Petersilie
1 Prise Pfeffer
1 Prise Salz
4 EL Wasser

Nährwerte p. P.

142 kcal
12 g Kohlenhydrate
8 g Fett
3 g Eiweiß

1 Säubern Sie die Paprikaschoten und die Tomaten und schneiden Sie beides in kleine Würfel. Pellen Sie die Zwiebeln und den Knoblauch und hacken Sie beides in feine Stücke.

2 Erhitzen Sie das Olivenöl in einer Pfanne und braten Sie darin die Zwiebeln und den Knoblauch glasig an. Anschließend mischen Sie das Adobo-Gewürz dazu.

3 Geben Sie die Paprikawürfel und die Tomatenwürfel in die Pfanne. Füllen Sie das Wasser dazu und legen Sie einen Deckel auf die Pfanne. Köcheln Sie die Zutaten bei niedriger Temperatur für etwa 45 Minuten.

4 In der Zwischenzeit spülen Sie die Petersilie ab und schütteln sie trocken. Danach schneiden Sie die Blätter in feine Stücke.

5 Würzen Sie die Soße mit Salz und Pfeffer und rühren Sie vorsichtig die Petersilie hinein.

Tipp: Diese Soße kann heiß oder kalt als Dip serviert werden.

KORIANDER-SALSA

 4 Port.

 10 Min.

 Leicht

Zutaten

1 Bund Frühlingszwiebeln
2 Bunde Koriander, frisch
2 Chilischoten
2 EL Honig
20 ml Zitronensaft
80 ml Sesamöl
100 ml Orangensaft
1 Prise Pfeffer
1 Prise Salz
etwas Zucker, nach Belieben

Nährwerte p. P.

251 kcal
15 g Kohlenhydrate
20 g Fett
1 g Eiweiß

1 Spülen Sie den Koriander ab und hacken Sie ihn in feine Stücke. Säubern Sie die Chilischoten und schneiden Sie sie in feine Würfel. Waschen Sie die Frühlingszwiebeln und hacken Sie sie in kleine Stücke.

2 Geben Sie alle Zutaten in eine Rührschüssel und vermischen Sie sie sorgfältig miteinander. Würzen Sie mit Salz und Pfeffer und schmecken Sie die Soße eventuell mit etwas Zucker ab.

3 Erscheint Ihnen die Flüssigkeit zu wenig, füllen Sie etwas Orangensaft dazu.

KARIBISCHE TOMATEN-MANGO-SALSA

4 Port.

20 Min.

Leicht

Zutaten

1 Mango
1 Zwiebel
6 Tomaten
1 EL Olivenöl
2 EL Koriander, frisch
1 Prise Pfeffer
1 Prise Salz

Nährwerte p. P.

93 kcal
11 g Kohlenhydrate
4 g Fett
2 g Eiweiß

1 Übergießen Sie die Tomaten mit heißem Wasser und ziehen Sie anschließend die Haut ab. Entfernen Sie die Kerne und schneiden Sie sie in kleine Würfel. Pellen Sie die Zwiebel und hacken Sie sie in feine Stücke. Schälen Sie die Mango, entfernen Sie den Kern und schneiden Sie das Fruchtfleisch in Würfel. Spülen Sie den Koriander ab, schütteln Sie ihn trocken und hacken Sie ihn in feine Stücke.

2 Erhitzen Sie das Olivenöl in einer Pfanne und braten Sie die Zwiebeln darin glasig an. Geben Sie das klein geschnittene Gemüse in eine Schüssel und rühren Sie die angebratenen Zwiebeln darunter. Würzen Sie den Dip nach Belieben mit Salz und Pfeffer.

KARIBISCHES MANGO-CHUTNEY

4 Port.

35 Min.

Leicht

Zutaten

250 g Mango
100 g Zucker
75 ml Wasser
2 Zimtstangen
3 EL Essig
5 Pfefferkörner
3 Nelken
½ TL Cayennepfeffer
½ TL Anis
2 Lorbeerblätter
1 TL Salz
1 TL Paprikapulver, edelsüß

Nährwerte p. P.

162 kcal
37 g Kohlenhydrate
1 g Fett
1 g Eiweiß

1 Schälen Sie die Mango und entfernen Sie den Kern. Schneiden Sie das Fruchtfleisch in kleine Würfel

2 Geben Sie alle Zutaten in einen Topf. Köcheln Sie sie bei mittlerer Temperatur für etwa 20 Minuten. Alles soll zu einem Brei verkochen.

3 Füllen Sie das Mango-Chutney zur Aufbewahrung in verschließbare Gläser.

ANANAS-CURRY

4 Port.

20 Min.

Leicht

Zutaten

2 Frühlingszwiebeln
2 Dosen Ananas, in Stücken
100 ml Sahne
1 EL Öl
1 Prise Pfeffer
1 Prise Salz
Curry, nach Belieben
Gemüsebrühpulver, nach Belieben

Nährwerte p. P.

184 kcal
19 g Kohlenhydrate
11 g Fett
2 g Eiweiß

1 Säubern Sie die Frühlingszwiebeln und schneiden Sie sie in feine Ringe. Erhitzen Sie das Öl in einer Pfanne und braten Sie die Zwiebelringe glasig an.

2 Geben Sie die abgetropften Ananasstücke in die Pfanne und braten Sie sie kurz mit an. Anschließend würzen Sie nach Belieben mit Curry.

3 Löschen Sie die Zutaten mit der Sahne ab und kochen Sie alles kurz auf. Zum Schluss würzen Sie die Speise nach Belieben mit Salz, Pfeffer und dem Brühpulver.

Gewürzmischungen aus der Karibik

KARIBIK-GEWÜRZ

mehrere

15 Min.

Leicht

Zutaten

20 g Salz
15 g Rohrzucker, braun
6 g Pimentkörner
2 g Zwiebel, getrocknet
6 g Pfefferkörner, schwarz
1 g Knoblauchpulver
3 g Zimtstange
2 g Ingwerpulver
2 g Kreuzkümmel
2 g Muskatnuss
4 g Paprikapulver, edelsüß
2 g scharfe Chili, getrocknet
2 Gewürznelken

Nährwerte p. Rezept

145 kcal
26 g Kohlenhydrate
3 g Fett
3 g Eiweiß

1 Erhitzen Sie eine Pfanne ohne Fettzugabe und rösten Sie darin die Pfefferkörner, die Pimentkörner, den Zimt, den Kreuzkümmel und die Gewürznelken an. Wenn ein aromatischer Duft aufkommt, geben Sie die Gewürze zum Abkühlen auf einen Teller.

2 Geben Sie die abgekühlten Gewürze und alle anderen Zutaten in einen Multizerkleinerer und verarbeiten Sie sie zu einem feinen Pulver.

3 Zur Aufbewahrung eignet sich ein gut verschließbares Glas, darin ist die Gewürzmischung etwa 3 Monate haltbar.

KARIBISCHES FISCHGEWÜRZ

mehrere

20 Min.

Leicht

Zutaten

3 EL Salz
1 EL Knoblauchpulver
1 ½ EL Zwiebelpulver
1 EL Chilipulver
1 EL Ingwerpulver
½ EL Piment
½ EL Vanillepulver
2 EL Rohrzucker
2 EL Kokosflocken
½ EL Pfeffer, schwarz
1 EL Majoran, getrocknet
1 EL Petersilie, getrocknet
1 EL Thymian, getrocknet
1 ½ EL Koriander, getrocknet

Nährwerte p. Rezept

454 kcal
76 g Kohlenhydrate
8 g Fett
12 g Eiweiß

1 Geben Sie alle Zutaten (außer den Koriander, die Petersilie, den Majoran und den Thymian) in einen Multizerkleinerer und verarbeiten Sie alles zu einem feinen Pulver.

2 Nun fügen Sie die Kräuter dazu und mixen die Gewürzmischung vorsichtig durch. Die Kräuter sollen nicht zu sehr zerkleinert werden.

Tipp: Würzen Sie den Fisch etwa 1 Stunde vor der Zubereitung mit diesem Gewürz. Die Kräuter können dann ihr volles Aroma entfalten.

GEWÜRZMISCHUNG FÜR SUPPEN UND SOẞEN

mehrere

15 Min.

Leicht

Zutaten

2 EL Zimt
1 TL Muskat
20 g Thymian, getrocknet
20 g Basilikum, getrocknet
20 g Rosmarin, getrocknet
20 g Bohnenkraut, getrocknet
20 g Lavendel, getrocknet
20 g Muskatblüten
20 g Orangenschale, getrocknet
10 g Nelken, getrocknet
10 g Lorbeer, getrocknet

Nährwerte p. 100 g

292 kcal
38 g Kohlenhydrate
10 g Fett
6 g Eiweiß

1 Geben Sie alle Zutaten in einen Mörser und verarbeiten Sie sie zu einem feinen Pulver. Sollte die gesamte Menge an Gewürzen zu groß sein, zerstoßen Sie sie nach und nach und vermischen alles in einer Schüssel.

2 Zum Lagern geben Sie die Gewürzmischung in ein gut verschließbares, am besten dunkel gefärbtes, Glas.

Tipp: Diese Gewürzmischung ist für Suppen, Soßen und Fleisch geeignet.

GEWÜRZSALZ

1 Port.

10 Min.

Leicht

Zutaten

1 EL Salz
½ EL Paprikapulver
½ EL Zucker
¼ TL Kurkuma
¼ TL Pfeffer, weiß
½ TL Thymian

Nährwerte p. Rezept

82 kcal
15 g Kohlenhydrate
1 g Fett
2 g Eiweiß

1 Vermischen Sie alle Zutaten sorgfältig miteinander und geben Sie das Gewürzsalz in ein gut verschließbares Gefäß.